실생활

Hello~ everyone

분야별 꼭! 필요한

영어단어 4000

A LIST OF FUNDAMENTAL ENGLISH WORDS

분야별 꼭 필요한 실생활 영어단어 4000

2024년 8월 30일 1판 8쇄 인쇄

지은이 잇플ITPLE 교재연구팀
펴낸이 정지숙
펴낸곳 (주)잇플ITPLE
기 획 박은수
마케팅 김용환
주 소 서울 동대문구 답십리로 264 성신빌딩 2층
전 화 0502-600-4925
팩 스 0502-600-4924
홈페이지 www.itpleinfo.com
이메일 itpleinfo@naver.com
카 페 www.bit.ly/itple_caf

ISBN 979-11-90283-64-9 10740

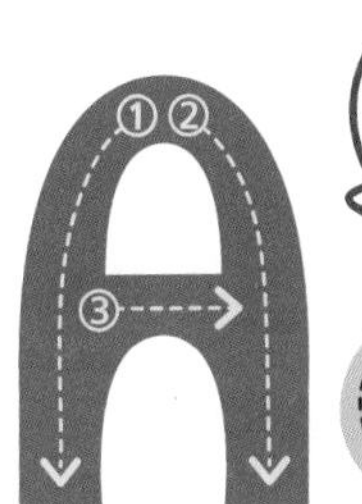
① ②
③

내 이름은
A!
에이

Apple
사과 는 애플

Ant

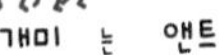
개미 는 앤트

Apple~

Ant!

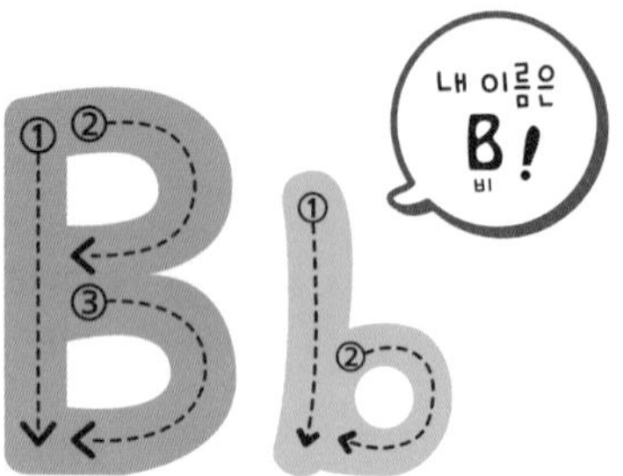

Baby

아기 는 베이비

Boy

남자 어린이는 보이

Cake

케이크 는 케이크

Carrot

당근 은 캐롯

내 이름은
D!
디

Dog
개는 도그
Doll
인형은 돌

Dog!

Doll...
혹시
내 인형 못 봤니?
찾을 수가 없네.

?

요 녀석!
네가 갖고
있었구나!

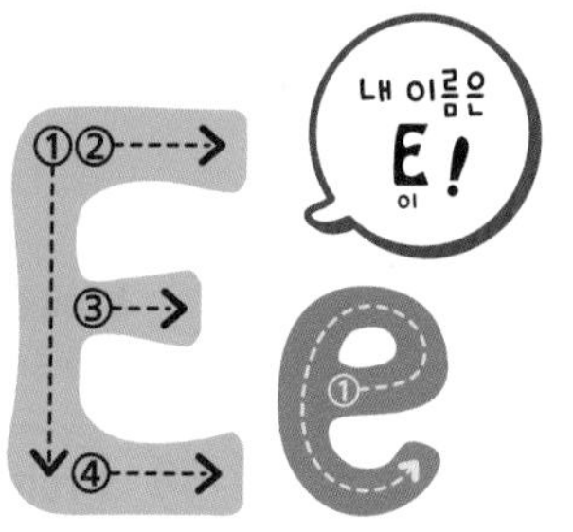

내 이름은
E!
이

Ear
귀 는 이어

Eye
눈 은 아이

잘 하는 것을 한 가지씩 말해보자.
알았어!

Ears!
난 귀가 좋아서 꽤 멀리서도 소리를 들을 수 있어.

Eyes!
난 눈이 좋아서 깜깜한 밤에도 잘 볼 수 있어.

내 이름은
F!
에프

Flower
꽃 은 플라워

Fruit
과일 은 프룻

Flower!

꽃은 왜 매년 피나요?

Fruit!
꽃을 피우면 과일로 변하게 만들 수 있단다.
그리고 과일이 열리면 너희들에게 나누어 줄 수 있지.
와!

내 이름은
G!
지
①
②
③
①②

Gift
선물 은 기프트

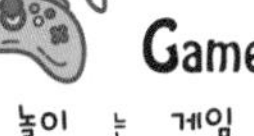

Game
놀이 는 게임

Gift!

Game!

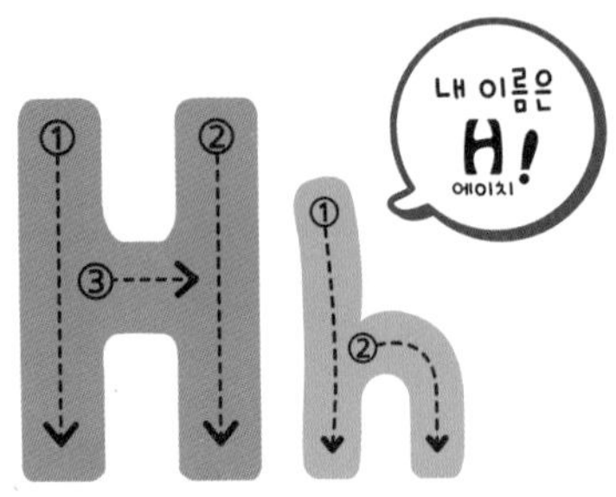

내 이름은
H!
에이치

Hello
인사 는 헬로
Hi
친한 인사 는 하이

Hello!
안녕하세요,
염소 아저씨!
인사를 할 때는 Hello!
그래, 안녕~

Hi!
친한 사람과 가볍게 인사를 할 때는 Hi!
안녕,
토끼야!
안녕!

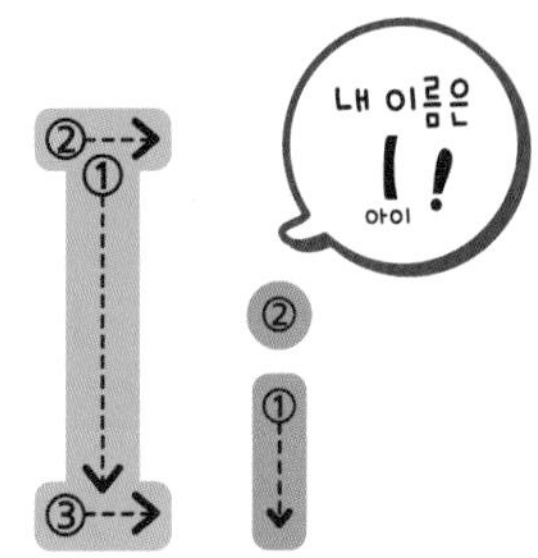

Ice Cream

아이스크림 은 아이스크림

Ice

얼음 은 아이스

①
②
①
②
내 이름은
J!
제이

Jam
잼 은 잼
Juice
주스 는 주스

식빵을 좀 구워봤단다. 먹어보렴.
와! 고맙습니다!

Jam!
빵은 잼을 발라먹으면 정말 맛있지!

Juice!
주스랑 같이 먹어도 얼마나 좋은데!

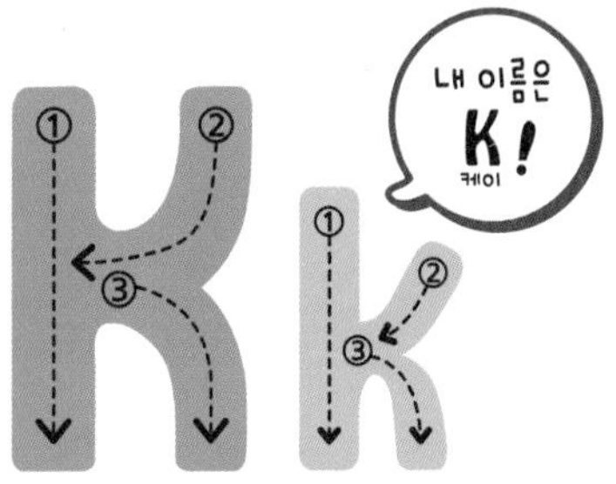
내 이름은
K!
케이

Kettle
주전자 는 케틀
Kitchen
주방 은 키친

Kettle...

Kitchen...
엄마! 주방에
물 끓어요!

아이고!
알려줘서 고맙구나.

Lion

사자 는 라이온

Long

긴 은 롱

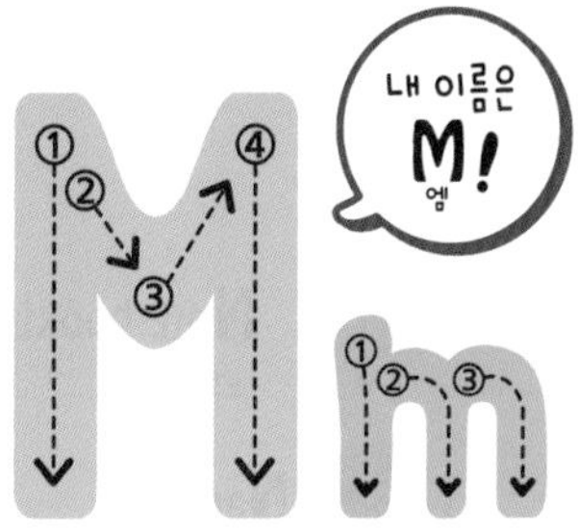
내 이름은
M!
엠

Mirror
거울 은 미러
Move
움직이다 는 무브

Mirror...

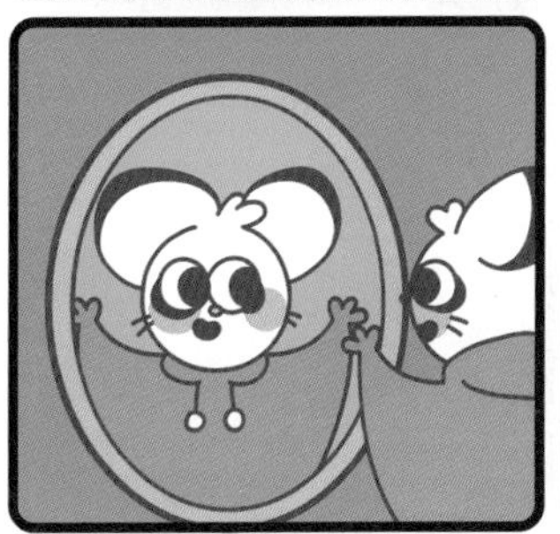

Move!
내가 움직이는 대로
움직이네!

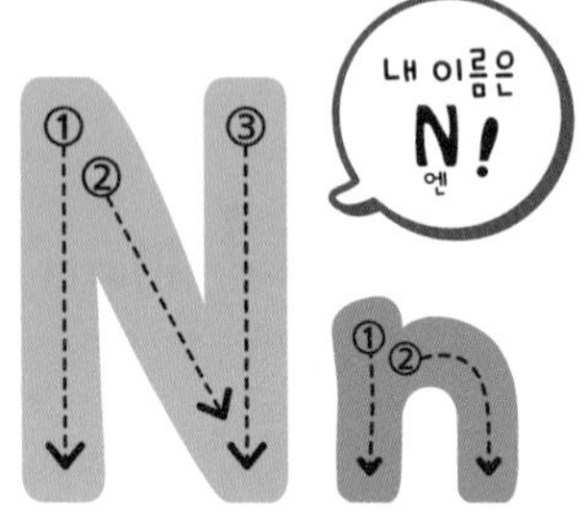
①
②
③
①
②
내 이름은
N!
엔

Note book!
공책 은 노트북

Name
이름 은 네임

Note book!
다들 공책 받았니?
와! 새 공책이다!

Name!
새 공책을 받았으니,
이름부터 쓰도록 하렴.

날다람쥐
산토끼

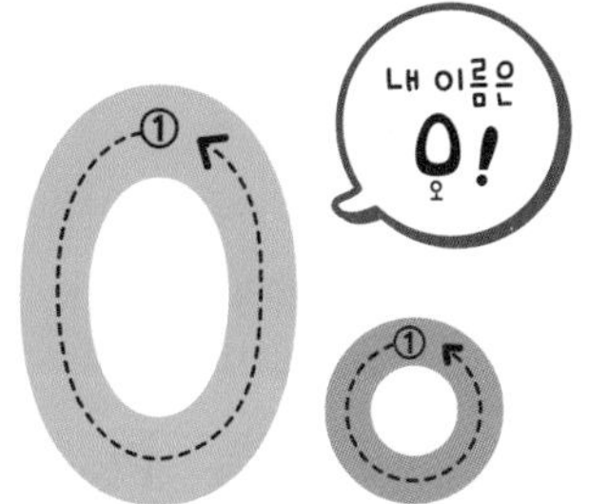
내 이름은
O!
오

Ocean
바다 는 오션
Octopus
문어 는 옥토퍼스

Ocean!

Octopus!

공원 은 파크

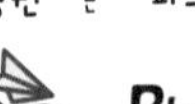

놀다 는 플레이

①
②
①②
내 이름은
Q!
큐

Quick
빠른/빨리 는 퀵
Quiet

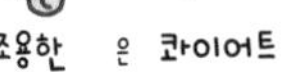

조용한 은 콰이어트

Quick!
빨리 가야 해!

!

Quiet...

내 이름은
R!
알

Right
오른쪽 은 라이트
Road
길 은 로드

여기로 어떻게 가는지 아나요?
Right!
저쪽에서 오른쪽으로 가시면 돼요.

Road!
길을 따라가세요!

Small
작은 은 스몰

Short
짧은 은 쇼트

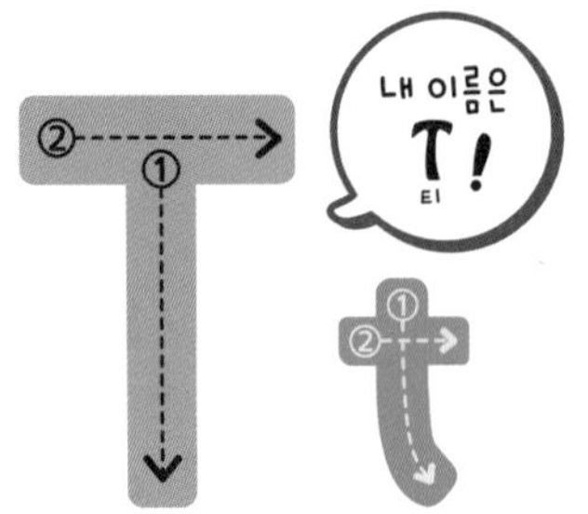
내 이름은
T!
티

Tree
나무 는 트리
Tall
키가 큰 은 톨

Tree!

Tall!

...
우와~

내 이름은
U!
유

Up
위에 는 업
Use
사용하다 는 유즈

Up!

Use!
이걸 사용해 봐.

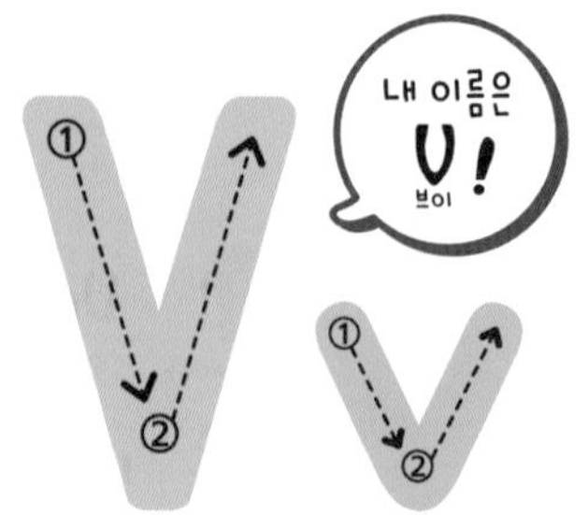

목소리 는 보이스

승리 는 빅토리

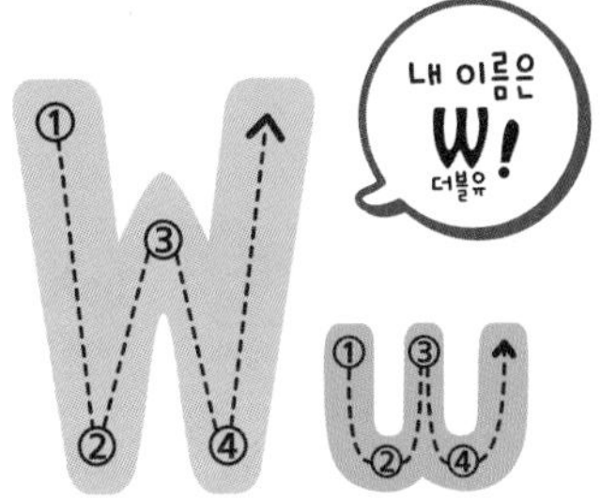

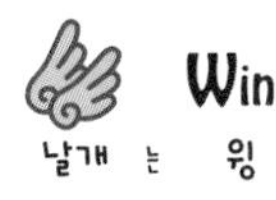

Wing

날개 는 윙

Wheel

바퀴 는 휠

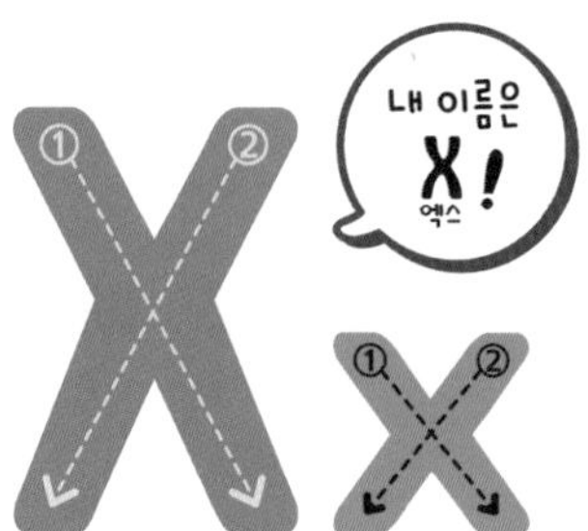

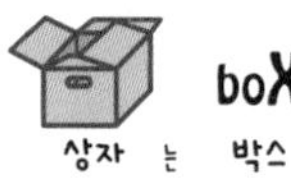

상자 는 박스

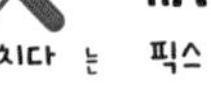

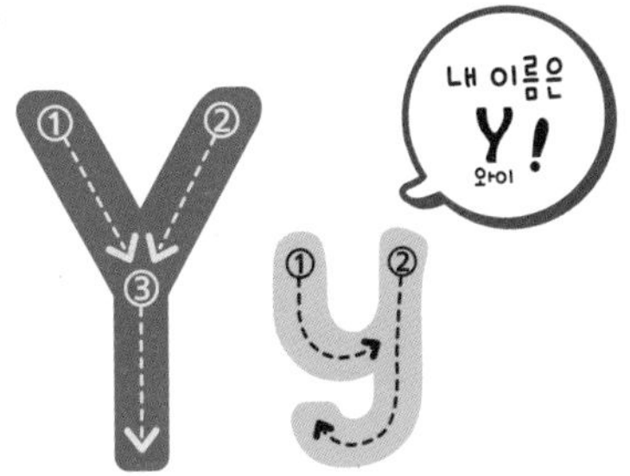
내 이름은
Y!
와이

Yarn
실 은 얀
Yo-yo
요요 는 요요

Yarn!
실이잖아?
실뜨기 할래?

난 잘 못하는데…
그래? 그럼…

?

Yo-yo!

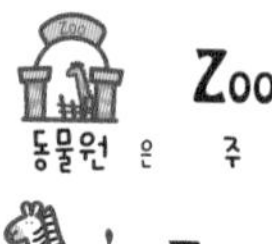

Zoo
동물원 은 주

Zebra
얼룩말 는 지브라

일상회화 · 해외여행 시에 필요한 단어를 바로 찾아 쓸 수 있다!

분야별
꼭 필요한
실생활 영어단어
4000

우리말로 대화를 할 때 상대방이 하는 말이 모두 들리지 않아도 중심이 되는 몇 단어만 들어도 내용을 이해할 수 있다는 것은 경험을 통해 알고 있을 것입니다. 영어도 같다고 할 수 있습니다. 모든 단어를 듣거나 이해할 수 없어도 몇 개의 단어를 확실히 들을 수 있다면 상대방이 무얼 말하는지 알 수 있다는 것이죠.

영어는 2000단어 정도만 이해하고 있으면 대화의 70~80 퍼센트를 이해할 수 있다고 합니다. 따라서 기본이 되는 2000단어를 어떻게 알아듣고 사용하는가가 영어를 잘할 수 있는 열쇠가 된다는 것은 분명합니다.

이 책은 일상 대화를 할 때 필요한 영어 단어를 효과적으로 암기할 수 있도록 구성한 것입니다. 쉽게 암기해서 사용해 볼 수 있도록 여러 분야에서 자주 쓰이는 약 4000단어를 분야별로 9개의 파트로 나누었습니다. 각 파트는 편리하게 찾을 수 있도록 다양한 세부 분야로 분류하고 그 분야에서 꼭 알아두어야 할 단어를 수록했습니다. 또한 영어 발음에 익숙하지 않은 분들을 위해 영어단어 옆에 우리말 발음도 표기해 두었습니다.

부록 mp3 파일에는 네이티브 스피커의 영어발음이 녹음되어 있습니다. 우리말 발음 표기에 의존하지 말고, 네이티브 스피커의 발음에 따라 정확한 발음을 듣고 말하는 연습을 반복해 주시길 바랍니다.

휴대할 수 있는 작은 책이므로 갖고 다니면서 일상생활에서 반복해서 사용해 보면, 일상 영어 단어를 쉽게 구사할 수 있게 될 것입니다.

차 례

Part 1 인간과 인간관계

Part 2 일상생활

Part 3 사회생활

Part 4 여가생활

Part 5 교통

Part 6 통신

Part 7 건강과 질병

Part 8 자연과 환경

Part 9 정치, 행정과 사법

Part 1

인간과 인간관계

1 인체

1 인체(외부)

◆ 머리

mp3 **1-01**

머리	head	헷
머리카락	hair	헤어-
얼굴	face	퀘이스
이마	forehead	포어헷
눈	eye	아이
안구(눈알)	eyeball	아이보어
눈꺼풀	eyelid	아이리드
눈썹	eyebrow	아이브롸우
속눈썹	eyelash	아이래-쉬
코	nose	노우즈
콧구멍	nostrils	나-스트뤄어즈
턱	chin, jaw	췬, 줘-
입	mouth	마우쓰
입술	lips	립스
혀	tongue	텅
이	tooth	투-쓰
잇몸	gums	검즈

사랑니	wisdom tooth	위즈덤 투-쓰
송곳니	canine	캐이나인
어금니	molar	모울러-
귀	ear	이어-
귓불	earlobe	이어-로웁
보조개	dimple	딤퍼어
뺨	cheek	취익
목	neck	넥
목구멍	throat	뜨로우트

◆ 상체

mp3 **1-02**

몸	body	바디
상체	upper body	어퍼- 바-리
가슴	chest(남성의 가슴), breast(유방); bust(여성의 가슴둘레)	췌스트, 브뤠스트; 버스트
젖꼭지	nipple	니플
등	back	백
배(복부)	stomach, abdomen, belly	스터믹, 애-브드먼, 벨리
배꼽	navel	네이버어
윗배	upper abdomen	어퍼- 애-브드먼
아랫배(하복부)	lower abdomen	로우어- 애-브드먼
허리	waist	웨이스트

옆구리	side	싸이드
겨드랑이	armpit	아암핏
어깨	shoulder	쇼울더-
팔	arm	아암
팔꿈치	elbow	엘보우
하박(팔뚝)	forearm(손목부터 팔꿈치 사이)	포어-아암
상박	upper arm(어깨부터 팔꿈치 사이)	업퍼-아암
손	hand	핸-드
손목	wrist	뤼스트
손바닥	palm	파암
손톱	finger nail	퓡거- 네이어
주먹	fist	퓌스트
손가락	finger	퓡거-
엄지	thumb	떰
검지	fore(index) finger	포어-(인덱스) 퓡거-
중지	middle finger	미들 퓡거-
약지	ring finger	륑 핑거-
새끼손가락	little finger	리를 퓡거-

◆ 하체

mp3 **1-03**

하체	lower body	로우어- 바-리
다리	leg	레그

무릎	knee	니이
발	foot	풋
발가락	toe	토우
발뒤꿈치	heel	히어
발등	instep	인스텝
발목	ankle	앵-클
발바닥	sole	쏘우어
발톱	toenail	토우네이어
생식기	genitals	줴니터어즈
엉덩이	buttocks, hip	버럭스, 히입
정강이	shin	쉰
종아리	calf	캐-프
허벅지	thigh	싸이

◆ 털 · 피부 · 기타

mp3 **1-04**

털	body hair	바-리 헤어-
피부	skin, flesh	스킨, 플레쉬
구레나룻	sideburns	싸잇버언즈
귀지	wax	왝스
땀구멍(모공)	(sweat) pore	(스웻) 포어-
비듬	dandruff	댄-드뤄
소름	goose bumps	구-스 범스

점	mole	모울
주근깨(기미)	freckle	프뤠커어
주름	wrinkle	륑커
침	spit, saliva(타액)	스핏, 썰라이바
콧수염	moustache	머스태-쉬
턱수염	beard	비어-드
티눈	corn	코-언
혹	bump	범

2 인체(내부)

◆ 뼈 · 근육 · 뇌

mp3 1-05

뼈	bone	보운
골격	skeleton	스케어튼
갈비뼈	rib	륍
골반 뼈	hip bone	힙 보운
관절	joint	죠인트
광대뼈	cheekbone	취익 보운
두개골	skull	스커어
얼굴뼈	facial bone	풰이셔어 보운
연골	cartilage	카-럴리쥐
척추	backbone, spine	백-보언, 스파인

근육	muscle	머쓸
신경	nerve	너-브
인대(관절의)	ligament	리거먼
힘줄	tendon	텐든
뇌	brain	브뤠인
대뇌	cerebrum	써뤼-브뤔
소뇌	cerebellum	쎄뤄벨럼

◆ 기관 · 장기

mp3 **1-06**

기관	windpipe	윈-파입
장기(기관)	organ	오-건
간	liver	리버-
신장	kidney	키드니
심장	heart	하-트
폐	lung	렁
장	intestines	인테스턴즈
대장	large intestine	라-쥐 인테스턴
맹장	appendix	어펜딕스
소장	small intestine	스모어 인테스틴
직장	rectum	뤡텀
동맥	artery	아-더뤼
정맥	vein	베인

요도	urethra	유뤼뜨롸
항문	anus	에이너스
혈관	blood vessel	블럿 베써어

2 외모 · 인상 · 성격

1 외모

mp3 1-07

닮은	**alike:** look very much alike(많이 닮았다)	얼라익
예쁜	**pretty:** look pretty in a new dress(새 옷이 잘 어울린다)	프뤼리
잘생긴	**handsome:** a handsome, clever man(잘생기고 영리한 남자)	핸-썸
못생긴	**homely:** a homely but good-natured boy(못생겼지만 성격 좋은 아이)	호움리
키가 큰	**tall:** a tall runner(키가 큰 주자)	토어-
키가 작은	**short:** make fun of short people(키 작은 사람을 놀리다) ※ shorty(꼬마)	쇼옷
머리가 긴	**long-haired:** a long-haired artist(긴 머리의 예술가)	롱- 헤어-드
검은(피부 · 머리 · 눈 색깔이)	**dark:** dye dark hair(검은머리를 염색하다)	다악
대머리의	**bald:** go bald(대머리가 되다)	보어드
체격	**physique:** a strong physique(건장한 체격)	퓌지익
강건한	**sturdy:** a sturdy athlete(다부진 운동선수)	스터-디

뚱뚱한	**fat:** get fat(살찌다) ※ fatty(뚱보)	퍁
마른	**thin:** a tall, thin man(키가 크고 마른 남성)	띤
날씬한	**slender:** have a slender figure (몸매가 날씬하다)	슬렌더-
호리호리한	**slim:** have a slim waist(허리가 날씬하다)	슬리임
살결이 흰	**fair:** have a fair complexion(얼굴이 희다)	풰어-
거무스름한	**swarthy:** have a swarthy complexion(얼굴이 까무잡잡하다)	스워-디
아름다운	**beautiful:** a witty, beautiful wife (재치 있고 예쁜 아내)	뷰-러풔어

2 인상

mp3 1-08

인상	**impression:** the first impression (첫인상)	임프뤠션
성질	**temper:** have a quick[hot] temper(성미가 급하다)	템퍼-
상냥한	**friendly:** a friendly smile(상냥한 미소)	프뤤들리
온화한	**gentle:** in a gentle voice(온화한 목소리로)	줸터어
근면한	**hardworking:** a hardworking employee(근면한 직원)	하-드워어킹

방향, 방위

■ 동·서·남·북

북 **north** 노-쓰

북북서 **north-northwest** 노-쓰 노-쓰웨스트

북북동 **north-northeast** 노-쓰 노-띠-스트

북서 **northwest** 노-쓰웨스트

북동 **northeast** 노-띠-스트

서북서 **west-northwest** 웨스트 노-쓰웨스트

동북동 **east-northeast** 이-스트 노-띠-스트

서 **west** 웨스트

동 **east** 이-스트

서남서 **west-southwest** 웨스트 싸우쓰웨스트

동남동 **east-southeast** 이-스트 싸우띠-스트

남서 **southwest** 싸우쓰웨스트

남동 **southeast** 싸우띠-스트

남남서 **south-southwest** 싸우스 싸우스웨스트

남남동 **south-southeast** 싸우쓰 싸우띠-스트

남 **south** 싸우쓰

동쪽의	**eastern** 이-스터언
동쪽으로	**eastward** 이-스트워-드
서쪽의	**western** 웨스터언
서쪽으로	**westward** 웨스트워-드
남쪽의	**southern** 써더언
남쪽으로	**southward** 싸우쓰워-드
북쪽의	**northern** 노-던
북쪽으로	**northward** 노-쓰워-드

■ 상·하

위로	**up** 업
아래로	**down** 다운
아래쪽으로	**downward** 다운워-드

위쪽으로 upward 업워-드
아래층으로(에서) downstairs 다운스테어-즈
위층으로(에서) upstairs 업스테어-즈

■ 좌·우

왼쪽의(으로) left 레프트
오른쪽의(으로) right 롸잇
왼쪽으로 leftward 레프트워-드
오른쪽으로 rightward 롸잇워-드
왼쪽 left hand(side) 레프트 핸-드(싸이드)
오른쪽 right hand(side) 롸잇 핸-드(싸이드)
왼쪽의 left-hand 레프트 핸-드
오른쪽의 right-hand 롸잇 핸-드

■ 전·후

앞쪽 front 프론트
뒤쪽 back 백-
~ 앞에(에서) in front of~ 인 프론트 오브
~ 뒤에(에서) behind, at the back of~ 비하인드, 앳 더 백- 오브
앞에(앞쪽에) forward 퍼-워-드
뒤에(뒤쪽에) backward, back 백-워-드, 백-
앞으로(앞에) ahead 어헷
뒤로(뒤에) behind 비하인드

■ 내·외

안에(안으로) inside 인싸이드
실내의 indoor 인도어-
실내에서, 실내로 indoors 인도어-즈

내부(안쪽)의	**inner** 이너-
안으로	**inward** 인워-드
안에	**in** 인
~ 안으로	**into~** 인트
밖(의), 외부로(에서)	**outside** 아웃싸이드
옥외의	**outdoor** 아웃도어-
옥외에서	**outdoors** 아웃도어-즈
외부의	**outer** 아우터-
밖으로의	**outward** 아웃워-드
밖에(밖으로)	**out** 아웃
~ 안에서 (밖으로)	**out of~** 아웃 오브

Part 6

통신

1 전화

1 전화(기) mp3 6-01

전화(기)	telephone, phone	텔러풔운, 풔운
공중전화	public telephone, pay phone	퍼블릭 텔러풔운, 페이 풔운
공중전화 부스	telephone booth	텔러풔운 부-쓰
유선전화	corded telephone	코어딧 텔러풔운
팩시밀리(팩스)	facsimile(fax)	퍅-씨멀리(퍅-스)
휴대전화	mobile phone	모우블 풔운
동전투입구	slot	슬랏
다이얼	dial	다이어
전화선	telephone line	텔러풔운 라인
수화기	receiver	뤼씨-버-
송화구	mouthpiece	마우쓰피-스
버튼	button	버든
우물정(#) 키	pound key, number sign	파운드 키-, 넘버-싸인
별표(*) 키	asterisk key, star key	애-스터뤼스 키-, 스타- 키-
전화벨	ring	륑
벨소리	ring tone	륑 토운
액정	screen	스크뤼인

충전	charge	촤-쥐

2 통화

mp3 6-02

통화(전화)	(phone) call	(풔운) 커어
문자	text	텍스트
문자메시지	text message	텍스트 메씨쥐
문자 메시지 전송 서비스	SMS(Short Message Service)	에스엠에스(쇼옷 메씨쥐 써-비스)
음성메시지	voicemail	보이스메이어
전화번호부	telephone directory, phone book; Yellow Pages(업종별), White Pages(인명별)	텔러풔운 드뤡터뤼, 풔운 북; 옐로우 페이쥐즈, 와잇 페이쥐즈
전화번호안내	directory assistance	디렉터뤼 어씨스턴스
시내전화	local call	로우커어 커어
국제전화	international call, overseas call	인터-내셔너어 커어, 오우버-씨-즈 커어
장거리전화	long distance call	롱 디스턴스 커어
외부전화	outside call	아웃싸잇 커어
구내전화	extension	익스텐션
비상전화	emergency call	이머-줜씨 커어
수신자 부담 통화	collect call	컬렉트 커어
상대방	party	파-리

교환	operator	어-퍼뤠이러-
접속(연결)	contact, connection	칸-택-, 커넥션
발신음	dial tone	다이어 토운
통화료	phone bill	풔운 빌
전화번호	telephone number, phone number	텔러풔운 넘버-, 풔운 넘버-
국가번호	country code	컨츄뤼 코웃
대표전화	main number, pilot number	메인 넘버-, 파일럿 넘버-
단축번호	speed dial	스피잇 다이어
지역번호	area code	에어뤼어 코웃
전화카드	telephone card	텔러풔운 카아
혼선	bad connection	뱃 커넥션

관련단어와 표현

전화를 가설하다	install a telephone 인스토어 러 텔러풔운
전화를 걸다	call, make a call, ring up 커어-, 메이 커 커어-, 륑 업
전화를 받다	answer the phone 앤-써 더 풔운
전화를 끊다	hang up 행- 업
전화로 연락하다	contact by phone 칸-택- 바이 포운
통화중입니다.	The line is busy. 더 라인 이즈 비지
다시 걸다	dial again 다이어 어겐-
끊지 않고 기다리다	hold the line, hold on 호울-더 라인, 호울-돈
잘 들리지 않다	cannot hear well 캐-나앗 히어- 웨어
전화 받으라고 부르다	call a person to the phone 커어-러 퍼-쓴 트 더 풔운
전화 잘못 거셨어요.	You have the wrong number. 유 해-브 더 뤙 넘버-

2 우편

1 우편물

mp3 6-03

우편	post, mail	포우슷, 메이어-
국내우편	domestic mail	드메스틱 메이어-
국제우편	international mail	인터-내-셔너어 메이어-
등기우편	registered mail	뤠쥐스터-드 메이어-
속달	special delivery, express mail	스페셔어 딜리버뤼, 엑스프뤠스 메이어
편지	letter	레러-
엽서	postal card, (영)post card	포우스터 카아, 포우슷 카아
그림엽서	picture postcard	픽춰- 포우슷카아
소포	parcel, package	파-써어, 패-키쥐
내용물	contents	컨텐츠
인쇄물	printed matter	프륀팃 매러-
답장	reply, answer	뤼플라이, 앤-써-
보내는 사람	sender, addresser	쎈더-, 어드뤠써-
보내는 사람 주소	return address	뤼터언 애쥬뤠스
받는 사람	recipient, addressee	뤼씨피언트, 애-드뤠씨-
받는 사람 주소	forwarding address	포-워-딩 애드뤠스

2 우체국

mp3 6-04

우체국	post office	포우슷 어-퓌스
사서함	post-office box(PO Box), call box	포우스터퓌스 박스, 커어 박스
항공편	airmail	에어-메이어-
선편	sea mail, surface mail	씨- 메이어, 써-퓌스 메이어
서적 우편요금	book rate	북 뤠잇
추가요금	extra charge	엑스츄뤄 촤-쥐
취급주의	handle with care	핸-더어 윗 케어-
우표	stamp, postage stamp	스탬, 포우스티쥐 스탬
기념우표	commemorative stamp	컴메머뤠-립 스탬-
소인	postmark	포우슷마-악
우체통	mailbox	메이어-박-스
우편함	letter box	레러-박-스
우편집배인	mail carrier, postman	메이어- 캐-뤼어-, 포우스트먼
우편번호	zip code, (영)post code	집 코웃, 포우슷 코웃
우편요금	postage	포우스티쥐
봉투	envelope	엔벌로웁
풀	paste, glue	페이스트, 글루-

3 컴퓨터 · 인터넷

1 컴퓨터

mp3 6-05

컴퓨터	computer	컴퓨-러-
하드웨어	hardware	하앗웨어
네트워크	network	네트워억
시스템	computer system	컴퓨-러- 씨스텀
저장장치	storage	스토-뤼쥐
소프트웨어	software	쏘옵트웨어
운영체제	operating system	아-퍼뤠이링 씨스텀
프로그램	program	프뤄우그램-
응용프로그램	application	애-플리케이션
바이러스	computer virus	컴퓨-러- 바이뤄스
모니터	monitor	마-니터-
하드디스크	hard disk drive	하앗 디스크 드롸이브
외장하드	external hard disk drive	엑스터-너어 하앗 디스크 드롸이브
USB메모리	USB flash drive	유-에스비 플래-쉬 드롸이브
키보드	computer keyboard	컴퓨-러- 키-보-엇
마우스	mouse	마우스
프린터	printer	프륀터-

스캐너	scanner	스캐-너-
파일	file	파이어
폴더	folder	포울더-
압축파일	compressed file	컴프뤠슷 파이어
첨부파일	attached file	어태-췻 파이어
확장자	file extension	파이어 익스텐션

2 인터넷 · 이메일

mp3 **6-06**

유선인터넷	wired Internet	와이엇 인터넷
무선인터넷	wireless Internet	와이어러스 인터넷
유선통신	wired communications	와이엇 커뮤-니케이션즈
무선통신	wireless communications	와이어러스 커뮤-니케이션즈
이동통신	mobile communications	모우버 커뮤-니케이션즈
검색	Internet search	인터넷 써-취
웹서핑	Web surfing	웹 써-핑
즐겨찾기	bookmark	북마악
댓글	comment	카-멘트
답글	reply	뤼플라이
채팅	online chat	온라인 챗-
방화벽	firewall	파이어워어

이메일	email	이-메이어
로그인(하다)	login(log in)	로-긴
로그아웃(하다)	logout(log out)	로-가웃
접속(하다)	access	액-쎄스
오류	error	에뤄-
내려받기(하다)	download	다운로웃
업로드	uploading	업로우딩
복사(하다)	copy	카-피
붙여넣기(붙여넣다)	paste	페이스트
잘라내기(잘라내다)	cut	컷
삭제	deletion	딜리-션
복원	restoration	뤠스터뤠이션
백업(하다)	backup	배-컵
포맷	formatting	포-매-링

관련단어와 표현

다운되다	**go down, crash** 고우 다운, 크뢔-쉬
검색하다	**search** 써-취
웹서핑하다	**surf** 써업
업로드하다	**upload** 업로웃
덮어쓰다	**overwrite** 오우버-롸잇
삭제하다	**delete** 딜리잇
복원하다	**restore** 뤼스토-어
포맷하다	**format** 포-맷-
첨부하다	**attach** 어태-취

Part 7

건강과 질병

1 건강

1 생리현상·배설물

mp3 7-01

생리현상	physiological phenomenon	퓌지어라쥐커 쀠나-미넌
딸꾹질(하다)	hiccup	히컵
방귀	break wind, fart	브뤠익 윈드, 파-트
생리	period, menstruation	피어뤼엇, 멘스투루에이션
트림(하다)	belch, burp	벨취, 버-업
하품(하다)	yawn	요언
배설물	excretion, human waste	엑스크뤼-션, 휴-먼 웨이스트
분비물	secretion	씨크뤼-션
가래	phlegm	플렘
고름	pus	퍼스
눈곱	sleep	슬리입
눈물	tear	티어-
대변; 똥	excrement; feces; poop(유아어)	엑스크뤠먼트; 퓌씨즈; 풉
땀	sweat	스웨트
소변; 오줌	urine; pee	유륀; 피-
침	saliva	썰라이버

놓다, 두다	**put:** put a cup on the table(컵을 식탁에 놓다)	풋
쉬다; 휴식	**rest:** rest for 10 minutes(10분간 쉬다)	뤠스트
사용하다; 사용	**use:** use a cellular phone(휴대 전화를 사용하다)	유-즈
밀다, 누르다; 밀기, 누르기	**push:** push the button(버튼을 누르다)	푸쉬
깨다, 부수다; 휴식; 중단	**break:** break a cup(컵을 깨다)	브뤠익
모으다	**collect:** collect signatures(서명을 수집하다)	컬렉트
창조하다, 만들다	**create:** create jobs(일자리를 만들다)	크뤼에이트
보관하다	**keep:** keep old letters(옛 편지를 보관하다)	키입
던지다	**throw:** throw a bone to a dog (개에게 뼈를 던져주다)	뜨뤄우
돌다; 회전	**turn:** turn left(왼쪽으로 돌다)	터언
(~이) 되다	**become:** become a doctor(의사가 되다)	비컴
덮다, 씌우다; 덮개	**cover:** cover a child with a blanket(아이에게 담요를 덮어주다)	커버-
펴다	**spread:** spread a tablecloth(식탁보를 펴다)	스프뤠드
나누다; 함께 쓰다; 몫	**share:** share the profit(이익을 나누다)	쉐어-

가르다, 떼어놓다; 분리된	**separate:** separate smokers from nonsmokers(흡연자와 비흡연자를 나누다)	쎄퍼뤠잇
쪼개다; 분열	**split:** split in two(둘로 나누다)	스플릿
놓치다; 빗나가다; 그리워하다	**miss:** miss the 9:30 train(아홉시 반 열차를 놓치다)	미스
(~이) 없다, 부족하다; 결핍	**lack:** A desert lacks water.(사막에는 물이 없다.)	랙-
오해하다; 오해; 잘못	**mistake:** make a mistake(실수하다)	미스테익
일으키다; 원인	**cause:** cause trouble(말썽을 일으키다)	커-즈
해결하다	**solve:** solve a problem(문제를 해결하다)	쏘어브
간신히 해내다; 관리하다	**manage:** manage many projects(많은 프로젝트를 관리하다)	매-니쥐
숨다	**hide:** hide behind the curtain(커튼 뒤에 숨다)	하이드
더하다, 추가하다	**add:** add sugar to the dough(밀가루반죽에 설탕을 넣다)	애-드
증가하다; 증가	**increase:** increase by 10 percent(10퍼센트 증가하다)	인크뤼-스
개선하다, 향상시키다	**improve:** improve the education system(교육제도를 개선하다)	임프루-브
떨어지다, 넘어지다; 낙하	**fall:** fall down the stairs(계단에서 굴러 떨어지다)	풔어
~시키다	**let:** let nature take its course(자연에 맡기다)	렛

이끌다; 지도	**lead:** lead the nation(나라를 이끌다)	리-드
다루다; 치료하다	**treat:** treat the chemicals properly(화학물질을 제대로 처리하다)	츄륏-
필요로 하다; 필요	**need:** be in need of help(도움이 필요하다)	니-드
(~을) 받을 만하다	**deserve:** deserve praise(칭찬을 들을만 하다)	디저-브
제한하다	**limit:** limit access to the database(데이터베이스로의 접근을 제한하다)	리밋

2 의사소통

mp3 **2-02**

말하다	**say:** say a few words(몇 마디 말하다)	쎄이
말하다	**speak:** speak whisper (낮은 목소리로 말하다)	스피익
말하다; 알리다	**tell:** tell the truth(사실대로 말하다)	테어
이야기하다; 이야기, 담화	**talk:** talk about the future(미래에 관해 말하다)	토억
수다 떨다; 수다	**chat:** chat on the phone(전화로 수다를 떨다)	챗-
간단히 말하다; 언급하다	**mention:** mention a single example(하나의 예를 들다)	멘션
설명하다	**explain:** explain doubtful points(미심쩍은 점을 설명하다)	엑스플레인

묘사하다; 평하다	**describe:** describe the president as intelligent(사장을 지적인 인물로 평하다)	디스크라이브
거짓말을 하다; 거짓말	**lie:** lie to a person(남에게 거짓말을 하다)	라이
용서하다; 용서	**pardon:** ask for pardon(용서를 빌다)	파-든
용서하다	**forgive:** forgive an insult(무례를 용서하다)	풔-깁
약속하다; 약속	**promise:** promise to be punctual(시간을 엄수하겠다고 약속하다)	프롸-미스
취소하다	**cancel:** cancel reservations(예약을 취소하다)	캔-쓸
주장하다; 우기다	**insist:** insist on going(가겠다고 우기다)	인씨스트
명령(주문)하다; 명령(주문)	**order:** give an order(명령을 내리다)	오-러-
거절(거부)하다	**refuse:** refuse to answer(회신을 거부하다)	뤼퓨-즈
외치다; 외침	**shout:** shout for a waiter(큰 소리로 웨이터를 부르다)	샤우트
항의하다, 반대하다; 항의, 반대	**protest:** protest [against] war(전쟁에 반대하다)	프뤄테스트
보다, 보이다	**see:** see without glasses(안경을 쓰지 않고 보다)	씨-
보다(정지한 것)	**look:** look at a picture on the wall(벽의 그림을 보다)	룩
보다(움직이는 것)	**watch:** watch a movie on TV(TV로 영화를 보다)	워-취

빤히 쳐다보다; 응시	**stare:** stare at a person(남을 유심히 쳐다보다)	스테어-
보여주다, 나타내다, 가르쳐 주다	**show:** show oneself a foolish man(스스로 바보라는 것을 드러내다)	쇼우
듣다, 들리다	**hear:** hear the news(소식을 듣다)	히어-
(귀 기울여) 듣다	**listen:** listen to the music(음악을 듣다)	리쓴
묻다; 부탁하다	**ask:** ask a question(질문하다)	애-스크
대답하다; 대답	**answer:** answer the phone(전화를 받다)	앤-써-
대답하다; 대답	**reply:** reply to a customer's inquiry(고객의 물음에 답하다)	뤼플라이
응답하다	**respond:** respond by a nod(대답으로 고개를 끄덕이다)	뤼스판-
쓰다	**write:** write a letter(편지를 쓰다)	롸이트
읽다	**read:** read a newspaper(신문을 읽다)	뤼-드
주다	**give:** give a friend a book(친구에게 책을 주다)	기브
증정하다; 선물	**present:** present the winner with a medal(우승자에게 메달을 증정하다)	프뤼젠트
수여하다; 상	**award:** award a prize to the novelist(소설가에게 상을 수여히디)	어워-드
주다, 수여하다; 수여, 보조금	**grant:** grant a scholarship to the student(학생에게 장학금을 주다)	그랜-트

제공하다; 제공	**offer:** offer a guest something to drink(손님에게 음료를 제공하다)	어-풔-
기부하다	**donate:** donate $100 to a charity (자선단체에 백 달러를 기부하다)	도-네잇
건네주다; 손	**hand:** hand a ticket to ~(~에게 표를 주다)	핸-
건네주다; 통과하다	**pass:** pass the salt to a guest (손님에게 소금을 건네주다)	패-스
나누어주다, 분배하다	**distribute:** distribute blankets to the poor(빈민에게 담요를 배급하다)	디스트뤼-븃
제안하다; 암시하다	**suggest:** suggest an alternative plan(대안을 제시하다)	써줴스트
얻다, 구하다, 마련하다	**get:** get a free ticket(공짜표를 얻다)	겟
얻다	**obtain:** obtain classified information(기밀정보를 얻다)	업테인
얻다; 이익	**gain:** gain weight(체중이 늘다)	게인
얻다, 취득하다	**acquire:** acquire a foreign language(외국어를 습득하다)	억콰이어-
잡다; 빼앗다	**take:** take a day off(하루 휴가를 얻다)	테익
받다, 접수하다	**receive:** receive a letter(편지를 받다)	뤼씨-브
상속받다, 물려받다	**inherit:** inherit the family business(가업을 물려받다)	인헤륏
빌려주다	**lend:** lend a friend some money(친구에게 돈을 빌려주다)	렌드

꾸다, 빌리다	**borrow:** borrow some money from a friend(친구에게서 돈을 빌리다)	바-뤄우
돌려주다; 반납	**return:** return the book to the library(도서관에 책을 반납하다)	뤼터언
교환하다; 교환	**exchange:** exchange email addresses(이메일 주소를 주고받다)	엑스췌인쥐
보호하다	**protect:** protect endangered species(멸종위기 종을 보호하다)	프뤄텍-

3 도구 이용

mp3 2-03

청소하다; 깨끗한	**clean:** clean a room(방을 청소하다)	클리인
닦다, 훔치다	**wipe:** wipe a table [clean](식탁을 닦다)	와이프
쓸다, 털다	**sweep:** sweep the floor(마루를 쓸다)	스위입
그림 그리다, 페인트를 칠하다; 페인트	**paint:** paint a wall yellow(벽을 노란색으로 칠하다)	페인트
바꾸다; 변경	**change:** change a rear wheel (뒷바퀴를 교체하다)	췌인쥐
고정시키다, 달다	**fix:** fix a lamp to the wall(벽에 등을 달다)	퓍스
구부리다, 구부러지다	**bend:** bend an iron bar(철근을 구부러뜨리다)	벤드
톱질하다; 톱	**saw:** saw some wood for a fire(불 땔 목재를 톱으로 자르다)	쏘-

(드릴로) 구멍을 뚫다; 드릴	**drill:** drill a tooth(드릴로 이에 구멍을 내다)	드뤼어
(뾰족한 것으로) 구멍을 뚫다	**pierce:** have one's ears pierced (귀에 구멍을 뚫다)	피어-스
(펀치로) 구멍을 뚫다; 펀치	**punch:** punch a ticket(표에 구멍을 찍다)	펀취
타다, 태우다	**burn:** burn trash(쓰레기를 소각하다)	버언
휘젓다	**stir:** stir sugar into coffee(커피에 설탕을 넣어 휘젓다)	스터어-

4 일상생활

mp3 **2-04**

밤늦도록 자지 않다	**sit up late**	씻 업 레이트
잠자리에 들다	**go to bed**	고우 트 벳
늦잠을 자다	**sleep late**	슬리입 레이트
잠자리를 정돈하다	**make the bed**	메익 더 벳
세수하다	**wash one's face**	워-쉬 원즈 풰이스
옷을 입다	**get dressed**	겟 드뤠스트
옷을 벗다	**get undressed**	겟 언드뤠스트
아침(점심)을 짓다	**make breakfast(lunch)**	메익 브뤡풔-스트(런취)
아침(점심, 저녁)을 먹다	**eat(have) breakfast(lunch, dinner)**	이잇(해-브) 브뤡풔-스트(런취, 디너-)
아기에게 젖을 주다	**feed the baby**	퓌-더 베이비

설거지를 하다	wash the dishes	워-쉬 더 디쉬스
목욕하다	take a bath	테이-커 배-쓰
샤워하다	take a shower	테이-커 샤우어-
턱수염을 깎다	shave (off) one's beard	쉐이브 (오프) 원즈 비어-드
이를 닦다	brush one's teeth	브뤄쉬 원즈 티-쓰
치실질을 하다	floss one's teeth	플러-스 원즈 티-쓰
머리를 빗다	brush(comb) one's hair	브뤄쉬(코움) 원즈 헤어-
화장하다	put on makeup	풋 온 메이컵
학교에 가다	go to school	고우 트 스쿠우어
출근하다	go to work	고우 트 워억
버스를 타다	take a bus	테이-커 버스
차를 운전하다	drive a car	드롸이버 카-
집안을 치우다	clean the apartment(house)	클리인 디(더) 아파-트먼트(하우스)
마루를 쓸다	sweep the floor	스윕- 더 플로어
진공청소기로 카펫을 청소하다	vacuum the carpet	배-규움 더 카-펫
책상의 먼지를 닦다	dust the desk	더스트 더 데스크
빨래하다	do the laundry	두 더 런-드뤼
셔츠를 다림질하다	iron a shirt	아이언 어 셔엇
피아노 연습을 하다	practice the piano	프뤡티스 더 피애-노우
농구를 하다	play basketball	플레이 배-스킷보어-
기타를 치다	play the guitar	플레이 더 기타-

2 의복

1 복장

◆ 의복

mp3 2-05

의복(의류)	clothes	클로우즈
정장	formal wear	포-머어 웨어
양복(양장)	suit	수웃
남성복	men's wear	멘즈 웨어-
여성복	women's wear	위민즈 웨어-
신사복	business suit	비지너스 수웃
야회복	evening dress	이-브닝 드뤠스
턱시도(연미복)	tuxedo	턱씨-도우
모닝 드레스	morning dress(결혼식 등 주요 행사에 입는 남성 예복)	모-닝 드뤠스
평상복	casual wear	캐-쥬어 웨어-
기성복	ready-made clothes	뤠디 메잇 클로우즈
맞춤복	custom-tailored clothes	커스텀 테일러-드 클로우즈
아동복	children's wear	췰드뤈즈 웨어-
운동복	sportswear	스포-츠웨어-
잠옷	nightclothes	나잇클로우즈
네글리제	negligee(여성용 잠옷)	네글러줴-

수영복	swimsuit	스윔수웃
비키니	bikini	비키-니
비옷	raincoat	뤠인코웃
제복	uniform	유-니풔-엄

관련단어와 표현

기장	length 렝쓰
단추	button 버른
단춧구멍	buttonhole 버른호울
소매	sleeve 슬리-브
소매길이	sleeve length 슬리-브 렝쓰
솔기	seam 씨임
옷깃	collar 칼러-
옷단	hem 헴
호주머니	pocket 파-킷
탈의실	fitting room 퓌링 루움

◆ 상의

mp3 **2-06**

상의	top	탑
외투	coat	코웃
롱코트	overcoat	오우버-코웃
반코트	car coat	카- 코웃
재킷(점퍼)	jacket	쵀-킷
스웨터	sweater	스웨러-

조끼	vest, (영)waistcoat	베스트, 웨이스트 코웃
카디건	cardigan	카-리건
블레이저	blazer	블레이저-
셔츠	shirt	셔엇
블라우스	blouse	블라우스
긴팔 셔츠	long-sleeved shirt	롱 슬리-브드 셔엇
반팔 셔츠	short-sleeved shirt	쇼옷 슬리-브드 셔엇
폴로셔츠	polo shirt	포울로우 셔엇
티셔츠	T-shirt	티- 셔엇
와이셔츠	dress shirt	드뤠스 셔엇

◆ 하의 · 속옷

mp3 2-07

하의	bottoms	바-럼즈
바지	pants, (영)trousers; slacks(남녀의 평상복 · 운동복)	팬-츠, 트롸우저-즈; 슬랙-스
정장바지	dress pants	드뤠스 팬-츠
반바지	shorts	쇼어츠
청바지	jeans	쥐인즈
치마	skirt	스커어트
원피스	dress	드뤠스
투피스 드레스	two-piece dress	투- 피-쓰 드뤠스
속옷	underwear	언더-웨어

거들	girdle	거-더얼
내복	thermal underwear	떠-머어 언더웨어
드로어즈	drawers	드뤄어즈
란제리	lingerie(여성 속옷)	라안줘뤠-
러닝셔츠	undershirt	언더-셔엇
브래지어	brassiere, bra	브뤄-지어-, 브롸
팬티	underpants	언더-팬-츠
사각팬티(트렁크 팬티)	boxers, boxer shorts; boxer briefs(몸에 달라붙는 팬티)	박-써즈, 박-써 쇼오츠; 박-써-브륍스
삼각팬티	briefs(남성용); panties(여성용)	브륍스; 팬-티즈
속치마	petticoat, half slip	페리코웃, 햅 슬립
슈미즈	chemise	슈미-즈
슬립	slip(여성용 속옷)	슬립
캐미솔	camisole	캐-미써어
코르셋	corset	코-씻

2 의복

2 소재·무늬

◆ 소재

mp3 2-08

옷감	fabric, textile	패-브뤽, 텍스타이어
섬유	fiber	퐈이버-
화학 섬유	synthetic fiber	씬쎄릭 퐈이버-

나일론	nylon	나일라안
폴리에스테르	polyester	팔-리-에스터-
극세사	microfiber	마이크뤄파이버-
레이온	rayon	뤠이안-
면	cotton	카른
순면	pure cotton	퓨어- 카른
데님	denim	데늠
코르덴	corduroy	코-드뤄이
모직	wool, woolen fabrics	우어, 울른 패-브뤽스
양털	fleece	플리-스
오리털	duck down	덕 다운
더플	duffel	더플
캐시미어	cashmere	캐-즈미어
앙고라	angora	앵-고-롸
실크(비단)	silk	씰크
마	burlap	버-랩-
아마포	linen	리닌
모피	fur	풔-
밍크모피	mink	밍크
가죽	leather	레더-
소가죽	cowhide	카우하잇
송아지 가죽	calfskin	캡-스킨

뱀가죽	snake	스네익
악어가죽	alligator	앨-러게이러-
물소가죽	water buffalo skin	워-러- 버펄로우 스킨
거북껍질	tortoise shell	토어-러스 쉐어

◆ 무늬

mp3 2-09

무늬	design, pattern	디자인, 패-러언
줄무늬	stripes	스트롸입스
가로줄무늬	horizontal stripes	호-뤄좐-터어 스트롸입스
세로줄무늬	vertical stripes	버-리커어 스트롸입스
격자무늬	plaid	플래-드
꽃무늬	flower pattern	플라우어- 패러언
물방울무늬	polka dots	포우카 다-츠
빗살무늬	herringbone	헤륑보운
자수	embroidery	임브뤄이러뤼
체크무늬	checked pattern	췍트 패-러언

3 신발 · 모자 · 가방 · 안경

◆ 신발

mp3 2-10

신발	shoes	슈-즈

구두	dress shoes	드뤠스 슈-즈
기성화	ready-made shoes	뤠디 메잇 슈-즈
수제화	handmade shoes	핸-메잇 슈-즈
단화	flats	플래-츠
등산화	hiking boots	하이킹 부-츠
로퍼	loafers(끈이 없는 구두)	로우풔-즈
방한화	arctic boots	아-크틱 부-츠
부츠	boots	부-츠
스키부츠	ski boots	스키 부-츠
운동화	sport shoes, sneakers	스포엇 슈우즈, 스니이커-즈
장화	wellington	웰링턴
샌들	sandals	쌘-더어즈
조리샌들	flip-flops	플립플랍-스
펌프스	pumps(끈이나 고리가 없는 여성화)	펌스
하이힐	high-heeled shoes	하이히어드 슈-즈

관련단어와 표현

구두코	**toecap** 토우캡-
굽	**heel** 히-어
밑창	**sole** 쏘울
신발 끈	**shoelace, shoestring** 슈-레이스, 슈-스트륑

◆ 모자 · 가방 · 안경

mp3 **2-11**

모자	hat; cap(운동모자)	햇; 캡
베레모	beret	버뤠-
수영모자	swimming cap	스위밍 캡-
썬캡	sun visor	썬 바이저-
가방	bag	백-
배낭	backpack	백-팩-
서류가방	attaché case, briefcase	애-테쉐이 케이스, 브뤼-케이스
숄더백	shoulder bag	쇼울더-백
지갑	wallet; purse(여성용)	월릿; 퍼-스
핸드백	handbag; purse	핸-백; 퍼-스
허리 쌕	fanny pack, (영)bum pack	퐤-니 팩-, 범 팩-
안경	glasses	글래-씨즈
고글	goggles	가-거즈
돋보기안경	reading glasses	뤼딩 글래-씨즈
선글라스	sunglasses	썬글래-씨즈

관련단어와 표현

챙	**brim, visor** 브륌, 바이저-
가방끈	**shoulder strap** 쇼울더- 스트랩
안경알	**lens** 렌즈
안경테	**glasses frame** 글래-씨즈 프뤠임
안경다리	**arm** 아암

4 액세서리·귀금속·보석

◆ **액세서리**

mp3 **2-12**

넥타이	tie, necktie	타이, 넥타이
나비넥타이	bow tie	보우타이
넥타이핀	tiepin, (영)scarfpin	타이핀, 스카-핀
커프스단추	cuff links	커프 링스
손목시계	watch, wrist watch	워-취, 뤼슷 워-취
손수건	handkerchief	행커-취입
스카프	scarf	스카-프
숄	shawl	쇼-어
장갑	gloves	글러브즈
멜빵	suspenders, (영)braces	써스펜더-즈, 브뤠이씨스
허리띠	belt	벨트
양말	socks, ankle socks(발목양말)	싹스, 앵-커어 싹스
밴드스타킹	thigh-highs(허벅지까지 오는)	싸이 하이스
판타롱스타킹	knee-highs(무릎까지 오는)	니이 하이스
팬티스타킹	panty hose	팬-티 호우즈
양산	parasol, sunshade	패-뤄쏘-어, 썬쉐이드
우산	umbrella	엄브뤨러
머리끈	hair tie	헤어- 타이
머리띠	hairband, headband	헤어-밴-드, 헷밴-드
반지	ring	륑

목걸이	necklace	네클러스
펜던트	pendant	펜던트
귀걸이	earrings ※pierced earrings: 귀를 뚫어서 끼는, clip-on earrings: 클립식)	이어륑즈
팔찌	bracelet	브뤠이슬럿
발찌	anklet	앵-클럿
브로치	brooch	브뤄우취

◆ 귀금속 · 보석

mp3 2-13

귀금속	precious metals	프뤠셔스 메러어즈
금속	metal	메러어
금	gold	고울드
24금	twenty-four-karat gold	트웬티 풔어- 캐-뤗 고울
금도금	gold-plated	고울드 플레이딧
은	silver	씰버-
보석	jewelry	쥬월리
캐럿	carat	캐-뤗
탄생석	birthstone	버-쓰토운
가넷(석류석)	garnet	가-닛
다이아몬드	diamond	다이어먼
루비(홍옥)	ruby	루-비
마노	agate	애-것

묘안석	cat's-eye	캐츠 아이
사파이어	sapphire	쌔-파이어-
산호	coral	코-뤄어
상아	ivory	아이버뤼
수정	crystal	크뤼스터어
아쿠아마린(남옥)	aquamarine	아쿼-머뤼인
에메랄드	emerald	에머뤌드
오팔	opal	오우퍼
옥	jade	줴이드
인조진주	artificial pearl	아-리퓌셔어 퍼어
자수정	amethyst	애-머띠스트
진주	pearl	퍼어
터키옥	turquoise	터-쿼이즈
토파즈(황옥)	topaz	토우패-즈
호박	amber	앰-버-

5 화장품 · 헤어용품

◆ 화장품

mp3 2-14

화장품	cosmetics	카-즈메릭스
기초화장품	skin care products	스킨 케어- 프롸-덕츠
립스틱	lipstick, rouge	립스틱, 루우쥐

메이크업 베이스	makeup base	메이컵 베이스
미백화장품	whitening cosmetics	와이트닝 카-즈메릭스
밀크로션	milky lotion	미어키 로우션
보습제	moisturizer	모이스춰라이저-
분	face powder	풰이스 파우러-
색조화장품	make-up	메이컵
스킨(화장수)	toner, aftershave	토우너-, 애-프터-쉐입
자외선차단제	sunblock, sunscreen	썬블락, 썬스크뤼인
콜드크림	cold cream	코울- 크뤼임
콤팩트	compact	컴팩-트
크림	skin cream	스킨 크뤼임
파운데이션	foundation	퐈운데이션
파운데이션크림	foundation cream	퐈운데이션 크뤼임
향수	perfume	퍼-퓨움
화장비누	beauty soap	뷰우리 소웊
가짜 속눈썹	false eyelash	풔어스 아일래-쉬
눈썹연필	eyebrow pencil	아이브롸우 펜써어
마스카라	mascara	매-스캐-롸
아이 라이너	eye liner	아일 라이너-
아이 로션	eye lotion	아일 로우션
아이새도	eye shadow	아이 쇄-로우
매니큐어	nail polish	네이어 팔-러쉬

매니큐어제거제	enamel remover	이내-머 뤼무-버-

관련단어와 표현

화장	makeup 메이컵
화장하다	wear(put on) makeup 웨어(풋 온) 메이컵
화장을 고치다	touch up one's makeup 터취 업 원즈 메이컵
화장을 지우다	remove one's makeup 뤼무읍 원즈 메이컵
발톱손질	pedicure 페리큐어-
손톱손질	manicure 매-너큐어-
화장대	dressing table, vanity 드뤠씽 테이버, 배-너티
화장품 가방	vanity case 배-너티 케이스
분첩	powder puff 파우러- 펍
향	smell 스메어

Part 2 일상생활

◆ 헤어용품

mp3 **2-15**

가발	wig; toupee(부분 가발), hairpiece(부분 가발)	윅; 투-페-, 헤어 피-스
머리끈	hair tie	헤어 타이
머리띠	hair band	헤어 밴-드
머리핀	hairpin	헤어핀
샴푸	shampoo	샘-푸우
헤어 리퀴드	hair liquid	헤어- 리퀏
헤어드라이어	blow dryer, hairdryer	블로우 드롸이어-, 헤어드롸이어-
헤어로션	hair lotion	헤어- 로우션

헤어롤러	hair curler	헤어-커얼러
헤어스프레이	hair spray	헤어- 스프뤠이
헤어크림	hair cream	헤어- 크뤼임
헤어핀	hair pin	헤어- 핀

3 음식

1 식사·음식

◆ 식사

mp3 2-16

식사	meal	미어-
음식	food	푸웃
양식	world food	워얼- 푸웃
일식	Japanese food	재-퍼니-즈 푸웃
중식	Chinese food	촤이니-즈 푸웃
한식	Korean food	코-뤼언 푸웃
분식	flour-based food	플라우어- 베이스트 푸웃
아침식사	breakfast	브뤡풔-스트
아침 겸 점심	brunch	브뤈취
점심식사	lunch	뤈취
만찬	dinner(잘 차린 저녁식사), supper	디너-, 써퍼-
저녁식사	supper	써퍼-
간식(가벼운 식사)	snack	스낵-
도시락	box lunch, (영)packed lunch	박스 런취, 팩-트 런취
반찬	side dish	싸잇 디쉬
뷔페	buffet	버풰-
전채	appetizer, hors d'oeuvre	애-피타이저-, 오-더-브

정식	set menu, table d'hôte	셋 메뉴, 테이버도-트
주식	staple diet	스테이퍼 다이엇
주요리	main dish, entrée	메인 디쉬, 앙-트레-
최고급요리	haute cuisine	오웃 퀴지인
후식	dessert	디저-트

◆ 음식

mp3 **2-17**

고기요리	meat dish	미잇 디쉬
과자	confectionery	컨풱셔네뤼
빵	bread	브뤠드
샌드위치	sandwich	샌-드위취
샐러드	salad	샐-럿
생선회	sliced raw fish	슬라이스트 뤄- 퓌쉬
수프	soup	수웁
스테이크	steak, beefsteak	스테익, 비입스테익
스파게티	spaghetti	스퍼게리
오믈렛	omelette	아-믈렛
카레	curry	커-뤼
케이크	cake	케익
토스트	toast	토우스트
튀김	fried dish	프롸이 디쉬
새우튀김	fried shrimp(prawn)	프롸이드 쉬륌(프뤄언)

파스타	pasta	파-스터
파이	pie	파이
팬케이크	pancake	팬-케익
피자	pizza	피-자

Part 2 일상생활

관련단어와 표현

다이어트식품	**diet food** 다이엇 푸웃
저칼로리의	**low-cal** 로우캘-
저지방의	**low-fat** 로우퐷-
단백질	**protein** 프로-티인
미네랄	**mineral** 미너뤄어
지방	**fat** 퐷
칼슘	**calcium** 캘-씨엄
탄수화물	**carbohydrate** 카-보-하이드뤠잇

2 유제품 · 가공식품 · 패스트푸드

mp3 **2-18**

유제품	dairy products	데뤼 프롸-덕츠
계란	egg	엑
버터	butter	버러-
요구르트	yogurt	요우거-트
우유	milk	밀크
치즈	cheese	취-즈
가공식품	processed food	프뤄-쎄스트 푸웃

건조식품	dried food	드라이드 푸웃
김	dried laver	드롸이드 레이버-
라면	ramen, instant noodles	롸-먼, 인스턴트 누-더즈
베이컨	bacon	베이컨
소시지	sausage	쏘-씨쥐
살라미 소시지	salami(이탈리아식 소시지)	썰라-미
통조림제품	canned food(goods)	캔-드 푸웃(구-즈)
햄	ham	해앰
패스트푸드	fast food	패-스트 푸웃
감자튀김	French fries	프뤤취 프롸이스
통닭구이	roast chicken	뤄우스트 취킨
프라이드치킨	fried chicken	프롸이드 취킨
핫도그	hot dog	핫 독
햄버거	hamburger	햄-버-거

3 맛 · 식감

mp3 2-19

단	sweet	스위-트
짠	salty	쏘어티
신	sour	싸우어-
쓴	bitter	비러-
매운	hot	핫

순한; 약한	mild	마일드
묽은	weak(농도 · 도수가 낮은)	위익
독한; 진한	strong(농도 · 도수가 높은)	스트룅
부드러운; 연한	soft, tender(고기 등)	쏘프트, 텐더-
질긴	tough(고기 등)	터프
걸쭉한	thick	띡
묽은	thin	띤
담백한	light	라이트
느끼한	greasy	그뤼-씨
싱거운	bland	블랜-
비린	fishy	퓌쉬-
싱싱한	fresh	프뤠쉬
바삭바삭한	crispy	크뤼스피

관련단어와 표현

맛; 맛보다; 맛이 나다	taste 테이스트
맛있는	delicious, tasty, savory 딜리셔스, 테이스티, 쎄이버뤼
맛없는	unappetizing, unsavory 언애-퍼타이징, 언쎄이버뤼
깨물어먹다	bite 바이트
빨아먹다	suck 썩
삼키다	swallow 스왈-로우
씹다	chew 츄우
핥아먹다	lick 릭

4 주방(조리)기구·주방가전

◆ 주방(조리)기구

mp3 2-20

주방기구	kitchen utensils, kitchenware	키친 유-텐써즈, 키친웨어-
조리기구	cooking utensils	쿠킹 유텐써어즈
식기	tableware	테이버웨어-
그릇(사발, 공기)	bowl	보우어
냄비	pot(둥글고 속이 깊은 것); pan(얕고 손잡이가 달린 것)	팟; 팬-
믹싱볼	mixing bowl	믹싱 보우어
받침 접시	saucer(커피 잔 등의 받침)	쏘-써-
병	bottle; jar(특히 원통 모양의 병)	바-를; 좌-
샐러드볼	salad bowl	샐-럿 보우어
소스 그릇	sauceboat	쏘-스보웃
쟁반	tray	츄뤠이
접시	dish, plate; platter(서빙용 큰 접시)	디쉬, 플레이트; 플래러-
프라이팬	frying pan	프롸잉 팬-
플라스틱 용기	plastic tupperware(식품 저장용)	플래-스틱 터퍼-웨어-
유리잔	glass	글래-스
컵	cup	컵
머그컵	mug	먹-
종이컵	paper cup	페이퍼-컵
병따개	bottle opener	바-를 오-프너-

깡통따개	can opener	캔- 오-프너-
코르크 마개뽑이	corkscrew	코-억스크루-
주전자	kettle	케를
계량컵	measuring cup	메줘링 컵
칼	knife	나이프
과도	paring knife	페어링 나이프
버터나이프	butter knife	버러- 나이프
부엌칼	chef's knife; cleaver(고기를 써는 네모난 칼)	쉡스 나이프; 클리-버-
필러	peeler	필-러
도마	cutting board	커링 보-어드
강판	grater	그뤠이러-
체	sieve	씨브
국자	ladle	레이더어
집개	tongs	통-즈
뒤집개	turner(핫케이크 등을 만들 때 쓰는)	터어너-
거품기	whisk	위슥
계란거품기	eggbeater	엑비-러-
스푼; 숟가락	spoon	스푸운
포크	fork	풔억
젓가락	chopsticks	찹-스틱스
냅킨	table napkin	테이버 냅-킨
식기건조대	dish rack	디쉬 랙-

앞치마	apron	에이프뤈
행주	dishcloth; tea towel(마른행주)	디쉬클로-쓰; 티 타우어

◆ 주방가전

mp3 2-21

가스레인지	stove	스토우브
냉동고	freezer	프뤼-저-
냉장고	refrigerator, fridge	뤼프뤼줘뤠이러-, 프뤼쥐
만능조리기	food processor	푸웃 프롸-쎄서
믹서	blender	블렌더-
식기 세척기	dishwasher	디쉬 워-쉬-
오븐	oven	어븐
음식쓰레기 처리기	food waste disposer	푸웃 웨이슷 디스포우저-
전기밥솥	electric rice cooker	일렉트뤽 롸이스 쿠커-
전자레인지	microwave (oven)	마이크뤄웨입 (어븐)
토스터	toaster	토우스터-

5 조미료

mp3 2-22

조미료	seasoning, condiment	씨-즈닝, 칸-디먼트
양념(향신료)	spice	스파이스
간장	soy sauce	쏘이 쏘-스

겨자	mustard	머스터-드
꿀	honey	허늬
마요네즈	mayonnaise	메이어네이즈
서양고추냉이소스	horseradish	호어-스래-리쉬
설탕	sugar	슈거-
소금	salt	쏘어트
소스	sauce	쏘-스
시럽	syrup	씨뤕
식용유	cooking oil	쿠킹 오이어
식초	vinegar	비니거-
올리브기름	olive oil	알-리보이어
육수	gravy	그뤠이비
참기름	sesame oil	쎄써미 오이어
케첩	ketchup	케춥
타바스코소스	Tabasco(고추로 만든 매운 소스)	터배-스코우
후추	pepper	페퍼-

관련단어와 표현

(오븐에 고기를) 굽다	**roast** 뤄우스트
(빵 등을 노르스름하게) 굽다	**toast** 토우스트
(오븐에 빵·과자를) 굽다; 구운	**bake; baked** 베이크; 베이크트
(불에 직접) 굽다; 구운	**barbecue; barbecued** 바-비큐; 바-비큐드
(석쇠·그릴·숯불에) 굽다; 구운	**broil; broiled** 브뤄이어; 브뤄이어드
(석쇠에) 굽다; 구운	**grill; grilled** 그뤼어; 그뤼어드

(약한 불로) 끓이다; 끓인	**stew; stewed** 스투-; 스투-드
(약한 불로) 끓이다(고다); 끓인(곤)	**simmer; simmered** 씨머-; 씨머-드
볶다	**stir-fry, sauté** 스터어 프롸이, 쏘우테-
삶다(끓이다); 삶은(끓인)	**boil; boiled** 보이어; 보이어드
찌다; 찐	**steam; steamed** 스티임; 스티임드
튀기다(지지다); 튀긴(지진)	**fry; fried** 프롸이; 프롸이드
훈제하다; 훈제한	**smoke; smoked** 스모욱; 스모욱트
(강판에) 갈다	**grate** 그뤠이트
갈다; 빻다	**grind** 그롸인드
(껍질을) 깎다(벗기다); 깎은(벗긴)	**peel; peeled** 피어-; 피어-드
(네모나게) 썰다; 썬	**dice; diced** 다이스; 다이스트
다지다(chop보다 잘게)	**mince; minced** 민스; 민스트
섞다	**blend, mix** 블렌드, 믹스
얇게 썰다(저미다); 얇게 썬(저민)	**slice; sliced** 슬라이스; 슬라이스트
(갈아서) 으깨다; 으깬	**mash; mashed** 매-쉬; 매-쉬트
자르다	**cut** 컷
잘게 썰다(다지다); 잘게 썬(다진)	**chop, hash; chopped, hashed** 촵-, 해-쉬트; 촵-트, 해-쉬트
짜다	**squeeze** 스퀴-즈
냉동하다; 얼린	**freeze; frozen** 프뤼-즈; 프로우즌
녹이다; 녹인	**melt; melted** 멜트; 멜팃
차게 식히다; 차게 한	**chill; chilled** 취어; 췰드
해동하다	**defrost** 디-프뤄-스트
거품을 낸	**whipped** 윕트
빵가루를 묻힌	**breaded** 브뤠딧
속을 채운	**stuffed** 스터프트
커틀릿(다져 튀김옷을 입혀 익힌)	**cutlet** 컷럿
크림 모양의	**creamed** 크뤼임드
양념하다; 간하다	**season** 씨-즌

3 음식

4 채소 · 곡류 · 견과류

1 채소

mp3 2-23

채소	vegetable	베줘터버
가지	eggplant	엑플랜트
감자	potato	퍼테이도우
고구마	sweet potato	스위-트 퍼테이도우
고추	red pepper	뤳 페퍼-
당근	carrot	캐-뤗
마늘	garlic	가-릭
무	daikon, white radish	다이칸, 와잇 뢔-리쉬
미나리	water celery	워-러 쎌러뤼
배추	Chinese cabbage	좌이니-즈 캐-비쥐
버섯	mushroom	머쉬루움
부추	chives	좌이브즈
브로콜리	broccoli	브롸-컬리
비트	beet	비-트
상추	lettuce	레러스
생강	ginger	쥔줘-
셀러리	celery	쎌러뤼
순무	radish, turnip	뢔-리쉬, 터어닙

시금치	spinach	스피니취
아스파라거스	asparagus	어스패-뤄거스
양배추	cabbage	캐-비쥐
양파	onion	어늬언
연근	lotus root	로우러스 루웃
오이	cucumber	큐-컴버-
우엉	burdock	버-다악
참마	yam	야암
콜리플라워	cauliflower	컬-리플라우어-
콩나물(숙주나물)	bean sprout	비인 스프롸우트
토마토	tomato	터메이도우
파	Welsh onion, scallion	웨어쉬 어니언, 스캘-리언
파슬리	parsley	파-슬리
피망	pimento	피멘토우
호박	pumpkin	펌킨

2 곡류·견과류

mp3 2-24

곡물	grain	그뤠인
잡곡	mixed grain	믹스트 그뤠인
강낭콩	kidney bean	키드니 비인
귀리	oat	오우트

기장	millet	밀릿
깍지콩	green bean(꼬투리째 먹는 콩)	그뤼인 비인
녹두	mung bean	멍 비인
누에콩	broad bean	브뤄-드 비인
메밀	buckwheat	버크위-트
밀	wheat	위-트
보리	barley	바알리
사탕수수	sugar cane	슈거- 케인
쌀	rice	롸이스
옥수수	corn	코-언
완두콩	pea	피-
조	foxtail millet	퐉-스테이어 밀릿
팥	adzuki bean	어-쥬-키 비인
현미	brown rice	브롸운 롸이스
호밀	rye	롸이
도토리	acorn	에이코언
땅콩	peanut	피-넛
밤	chestnut	췌스넛
아몬드	almond	아-먼드
은행	ginkgo nut	징코우 넛
잣	pine nut	파인 넛
호두	walnut	워어넛

5 과일

mp3 2-25

과일	fruit	프루웃
감	persimmon	퍼-씨먼
구스베리	gooseberry	구-스베뤼
귤	tangerine, mandarin	탠-줘뤼인, 맨-더뤈
대추	dates	데이츠
딸기	strawberry	스트뤄-베뤼
라임	lime	라임
레몬	lemon	레먼
망고	mango	맹-고우
멜론	melon	멜런
무화과	fig	퓍-
바나나	banana	버내-나
배	pear	페어-
복숭아	peach	피-취
블랙베리	blackberry	블랙-베뤼
블루베리	blueberry	블루-베뤼
사과	apple	애퍼어
산딸기(복분자)	raspberry	뢔-즈베뤼
살구	apricot	애-프뤼캇-
석류	pomegranate	파-머그뢔-넷

수박	watermelon	워-러-멜런
아보카도	avocado	애-버카-로우
오렌지	orange	오-륀쥐
자두	plum	플럼
자몽	grapefruit	그뤠입프루웃
체리	cherry	췌뤼
코코넛	coconut	코우커넛
크랜베리	cranberry	크랜-베뤼
키위	kiwi fruit	키-위- 프루웃
파인애플	pineapple	파인애퍼
파파야	papaya	퍼파야
포도	grapes	그뤠입스

관련단어와 표현

과육	**flesh** 플레쉬
과즙	**juice** 쥬-스
껍질	**skin** 스킨
씨	**seed** 씨잇

6 육류 · 어패류

1 육류

mp3 2-26

육류; 고기	meat	미트
소고기	beef	비입
송아지고기	veal	비어
돼지고기	pork	포억
양고기	mutton; lamb(새끼 양 고기)	머든; 램-
닭고기	chicken	취킨
거위고기	goose	구-스
오리고기	duck	덕
칠면조고기	turkey	터-키

관련단어와 표현

생고기	raw(fresh) meat 뤄어(프뤠쉬) 미잇
냉장육	chilled meat 칠드 미잇
냉동육	frozen meat 프뤄즌 미잇
살코기	lean meat 리인 미잇
비계(지방)	fat 퍁
등심	sirloin 써어-로인
안심	tenderloin 텐더-로인
쇠갈비	beef ribs 비입 륍스
돼지갈비	pork ribs 포억 륍스

돼지등심	**pork loin** 포억 로인
삼겹살	**pork belly** 포억 벨리
돈가스	**pork cutlet** 포억 커를럿
양갈비살	**mutton chop** 머튼 촤압
닭날개	**chicken wing** 취킨 윙
닭다리	**drumstick** 드뤔스틱
닭가슴살	**chicken breast** 취킨 브뤼스트

2 어류 · 연체동물 · 갑각류

◆ 어류

mp3 2-27

어패류	fish and shellfish	퓌쉬 앤 쉐어퓌쉬
해산물	seafood	씨-푸웃
생선	fish	퓌쉬
가다랑어	bonito	버니도우
가자미(넙치)	plaice, turbot, brill, halibut, sole	플레이스, 터-벗, 브뤌, 핼-러벗, 쏘우어
갈치	hairtail, cutlassfish	헤어-테이어, 커를러스퓌쉬
고등어	mackerel	매-크뤄어
꼬치고기	pike	파익
꽁치	mackerel pike	매-크뤄어 파익
농어	sea bass, perch	씨- 배-스, 퍼어-취
대구	cod	카앗
도미	snapper, sea bream	스내-퍼-, 씨- 브뤼임

참돔	red sea bream	뤳 씨- 브뤼임
멸치	anchovy	앤-쵸우비
명태	pollack	파럭
무지개 송어	rainbow trout	뤠인보우 츄롸웃
방어	yellowtail	옐로우테이어
복어	globefish	글로웁퓌쉬
상어	shark	샤-
송어	trout	츄롸웃
연어	salmon	쌔-먼
장어	eel	이-어
정어리	sardine	싸-디인
참치	tuna	투-나
청어	herring	헤륑
메기	catfish	캣-퓌쉬
미꾸라지	loach	로우취
붕어	silver carp	씰버- 카압
잉어	carp	카-압

관련단어와 표현

바닷물고기 **saltwater fish** 쏠트워-러- 퓌쉬
민물고기 **freshwater fish** 프뤠쉬 워-러- 퓌쉬
생선살 **fillet** 퓔레
생선알 **roe** 로우
대구알 **cod roe** 카앗 로우

◆ 연체동물 · 갑각류

mp3 2-28

연체동물	mollusk	말-라슥
갑각류	crustacean	크뤄스테이션
낙지	long-legged octopus	롱 레기드 억-터퍼스
문어	octopus	억-터퍼스
식용달팽이	escargot	에스카-고우
오징어	squid	스퀴잇
갑오징어	cuttlefish	커를퓌쉬
가리비	scallop	스캘-럽
굴	oyster	오이스터-
멍게	sea squirt	씨- 스쿼트
모시조개	short-necked clam	쇼엇 넥트 클램
소라	wreath-shell	뤼-쓰 쉐어
전복	abalone	애-벌로운
조개	clam	클램
해삼	sea cucumber	씨- 큐-컴버-
홍합	mussel	머써어
게	crab	크랩-
바다가재	lobster	랍스터-
새우	prawn; shrimp(작은 새우)	프뤄언; 쉬륌

7 음료

1 비알코올 음료

mp3 2-29

음료	drink; beverage(물 이외의 음료)	드륑크; 베버뤼쥐
물	water	워-러-
식수	drinking water	드륑킹 워-러-
생수	bottled water	바를드 워-러-
탄산수	soda water	쏘우더 워-러-
청량음료	soft drink	쏘프- 드륑
콜라	cola, Coca-Cola, Coke	코울러, 코우커 코울러, 코욱
레모네이드	lemonade	레머네잇
진저앨	ginger ale	쥔줘 에이어
과일음료	fruit drink	프루웃 드륑
주스	juice	쥬-스
과일 주스	fruit juice	프루웃 쥬-스
오렌지주스	orange juice	오-륀쥐 쥬-스
사과주스	(apple) cider	(애퍼어) 싸이더-
토마토 주스	tomato juice	터메이로우 쥬-스
코코아	cocoa	코우코우
핫초콜릿	hot chocolate	핫 촤-클럿
차	tea	티-

홍차	black tea, tea	블랙- 티-, 티-
녹차	green tea	그뤼인 티-
커피	coffee	커-퓌
원두커피	brewed coffee	브루-드 커-퓌
에스프레소	espresso	에스프뤠쏘우
블랙커피	black coffee	블랙 커-퓌
카페오레	Cafeau lait	캐페이오울레이
카푸치노	cappuccino	캐-퍼취노우
밀크커피	coffee with cream	커-퓌 윗 크뤼임
아이리시 커피	Irish coffee	아이뤼쉬 커-퓌
비엔나커피	vienna coffee	비에너 커퓌

2 알코올 음료

mp3 2-30

술; 알코올음료	alcohol; liquor	앨-커호어-; 리커-
맥주	beer	비어-
병맥주	bottled beer	바를드 비어-
생맥주	draft beer	드뢥-트 비어-
흑맥주	dark beer	다악 비어-
청주	sake(일본 정종)	사-키
와인	wine	와인
레드와인	red wine	뤳 와인

로제와인	rosé wine	뤄우제- 와인
베르무트	vermouth(약초·향미를 첨가한 화이트와인)	버-무우쓰
보르도와인	Bordeaux wine	보-도우 와인
셰리주	sherry(남부 스페인 원산의 화이트 와인)	셰뤼
화이트와인	white wine	와잇 와인
브랜디	brandy(과실주를 증류한 술)	브랜-디
코냑	cognac(프랑스 Cognac지방 원산의 브랜디)	코우냑
위스키	whisky	위스키
버번위스키	bourbon(옥수수와 호밀로 만드는 미국산 위스키)	버-번
스카치위스키	Scotch	스카-취
진	gin	쥔-
보드카	vodka	바-드카
칵테일	cocktail	칵-테이어
진피즈	gin fizz	쥔- 퓌즈
다이키리	daiquiri(럼주·라임 주스·설탕·얼음을 섞은 칵테일)	다이커뤼
마티니	martini(진과 베르무트를 섞은 칵테일)	마-티-니
맨해튼	manhattan(위스키에 베르무트를 섞은 칵테일)	맨-해든
진토닉	gin and tonic	쥔- 앤 토-닉

8 주거

1 주택·건물의 종류

mp3 2-31

주택	house	하우스
건물	building	빌딩
주거(거주)	dwelling, residence	드웰링, 뤠지던스
한옥	Korean-style house	코뤼-언 스타이어 하우스
양옥	Western-style house	웨스터언 스타이어 하우스
철근콘크리트 건물	ferro-concrete building	풰뤄- 칸-크뤼잇 빌딩
아파트	apartment	아파-트먼-
목조주택	wooden house	우든 하우스
벽돌주택	brick house	브뤽 하우스
단독주택	detached house	디태-취트 하우스
단층집	one-story(storied) house	원 스토-뤼(스토-뤼) 하우스
이층집	two-story(storied) house	투- 스토-뤼(스토-뤼) 하우스
저택	mansion, villa	맨-션, 빌라
오두막집	hut, bungalow	하트, 벙걸로-
별장	country house	컨츄뤼 하우스

관련단어와 표현

남향집	house facing south 하우스 풰이씽 싸우스
경치 좋은 집	house with a fine view 하우스 윗 어 퐈인 뷰-

살기 편한 집	comfortable house 컴풔-러버 하우스	
셋방	rented house(room); lodging 뤤팃 하우스(루움); 라-쥥	
하숙집	boarding house 보어-링 하우스	
원룸	studio 스투-디오우	

2 주택 · 건물의 외부와 내부

◆ 외부

mp3 **2-32**

층	floor, story	플로어-, 스토-뤼
1층	first floor, (영)ground floor	풔-스트 플로어-, 그롸운 플로어
2층	second floor, (영)first floor	쎄컨 플로어-, 풔-스트 플로어
3층	third floor, (영)second floor	써-드 플로어-, 쎄컨 플로어
옥상	rooftop	루프타
위층	upstairs, upper floor	업스테어-즈, 어퍼 플로어
아래층	downstairs, lower floor	다운스테어-즈, 로우어 플로어
지하실(지하층)	basement	베이스먼트
계단	stairs; step(계단 한 칸)	스테어즈; 스텝
굴뚝	chimney	췸니
난간	handrail	핸-뤠이어
담장	fence	펜스
대문	gate	게이트
뒷마당	back yard	백- 야-드

마당; 정원	yard; garden	야-드; 가-든
잔디	lawn	러언
지붕	roof, housetop	루프, 하우스타
현관	front door, porch	프뤈- 도어, 포-취
현관계단	doorstep	도어-스텝
화단	flower-bed	플라우어- 벳-

◆ 내부

mp3 **2-33**

방	room	루움
사무실	office	어-퓌스
회의실	meeting room	미-링 루움
로비	lobby, foyer	러-비, 포이어-
대기실	waiting room	웨이링 루움
휴게실	lounge	라운쥐
면회실	visiting room	비지딩 루움
거실	living room, front room	리빙 루움, 프뤈트 루움
응접실	drawing room	드뤄-잉 루움
식당	dining room	다이닝 루움
침실	bedroom	벳루움
부엌	kitchen	키췬
욕실(화장실)	bathroom	배-쓰루움
벽	wall	워어

문	door	도어
창문	window	윈도우
마루	floor	플로어
복도	hallway, corridor	호어웨이, 코-뤼도-
천장	ceiling	씰-링

3 주택·건물의 설비

mp3 2-34

문손잡이	doorknob	도-어나-브
배수관	drain	드뤠인
변기	toilet	토일럿
샤워기	shower	샤우어-
세면기	basin	베이쓴
수도꼭지	faucet, (영)tap	풔-싯, 탭-
열쇠	key	키-
욕조	bathtub	배-쓰텁
자물쇠	lock, door lock	락-, 도어- 락-
초인종	door bell	도-어 벨
두꺼비집	fuse box	퓨우즈 박스
에스컬레이터	escalator	에스컬레이러-
엘리베이터	elevator	엘리베이러-
전기	electricity	일렉트뤼씨디

전기시설	electrical system	일렉트뤼커어 씨스텀
전등	light	라이트
콘센트	outlet, wall socket	아웃렛, 워어 쏘-켓
냉난방장치	air conditioning	에어- 컨디셔닝
난로	heater	히-러-
벽난로	fireplace	파이어플레이스
보일러	boiler	보일러-
에어컨	air conditioner	에어- 컨디셔너-
전기난로	electric heater	일렉트뤽 히-러-
환기구	vent	벤트
환기장치	ventilation facilities	벤틸레이션 풔씰러리-즈
환풍기	ventilator	벤틸레이러-

4 가구

mp3 2-35

벽장	closet	클라-젓
서랍장	chest of drawers, dresser	췌스트 오브 드뤄워-즈, 드뤠써-
소파	sofa, couch	쏘우퐈, 카우취
수납장	cabinet	캐-비넷
식탁	kitchen table	키췬 테이버
신발장	shoe rack	슈- 뤡

안락의자	lounge chair, easy chair	라운쥐 췌어-, 이-지 췌어-
옷장	wardrobe	워-드뤄웁
의자	chair, stool	췌어-, 스투우어
접이식 의자	folding chair, deck chair	포울딩 췌어-, 덱 췌어-
찬장	cupboard	커버-드
책상	desk	데스크
책장	bookcase	북케이스
침대	bed	벳
테이블	table	테이버
팔걸이의자	armchair	아암-췌어-
화장대	dressing table	드뤠씽 테이버

관련단어와 표현

북엔드	bookend(책이 쓰러지지 않게 양쪽에 받치는 것) 부켄즈
서랍	drawer 드뤄워-
카펫	carpet(부분적으로 까는 것은 rug라고 한다) 카-핏
커튼	curtain 커-튼

5 가전제품

mp3 2-36

가전제품	home appliances	호움 어플라이언씨스
가습기	humidifier	휴-미리퐈이어-

건조기	dryer	드라이어-
공기청정기	air purifier	에어- 퓨뤄파이어-
난방기(히터)	heater	히-러-
다리미	iron	아이언
DVD플레이어	DVD player(Digital Versatile Disc player)	디비디 플레이어-
선풍기	electric fan	일렉트뤽 팬-
세탁기	wash machine, washer	워-쉬 머쉬인, 워-셔-
스탠드	(table) lamp	테이버 램-
시디플레이어	CD player(Compact Disc player)	씨-디 플레이어-
액정 디스플레이	liquid crystal display(LCD)	리큇 크뤼스터어 디스플레이
에어컨	air conditioner	에어- 컨디셔너-
전기면도기	electric razor(shaver)	일렉트뤽 뤠이저-(쉐이버-)
정수기	water purifier	워-러- 퓨뤄파이어-
제습기	dehumidifier	디-휴-미리파이어-
진공청소기	vacuum cleaner, hand vacuum	배-큐움 클리-너-, 핸- 배-큐움
텔레비전	television	텔러비전
PMP	PMP(Portable Media Player)	피엠피
헤어드라이어	hair drier	헤어- 드라이어-

관련단어와 표현

건전지	**dry battery** 드롸이 배-러뤼
리모컨	**remote control** 뤼모우트 컨츄뤄어
백열등	**incandescent lamp** 인캔-데쓴 램-
백열전구	**incandescent light bulb** 인캔-데쓴 라잇 버-브
손전등	**flashlight** 플래-쉬라이트
전구	**(light) bulb** (라잇) 버-브
형광등	**fluorescent lamp** 플로-뤠쎈 램-

6 일상용품 · 가정용품

◆ 세면용품

mp3 **2-37**

일상용품	daily necessities	데일리 네써써뤼즈
가정용품	household goods	하우스호울- 구-즈
세면도구	toiletries	토일러트뤼-즈
구강청결제	gargle, mouthwash	가-거어, 마우쓰워-쉬
린스	conditioner	컨디셔너-
면도기	razor, shaver	뤠이저-, 쉐이버-
면도날	razor blade	뤠이저- 블레이드
면도크림	shaving cream	쉐이빙 크뤼임
빗	comb	코움
샴푸	shampoo	샘-푸우
세숫비누	(bar) soap	(바-) 소웁

손톱깎이	nail clippers	네이어 클리퍼-즈
수건	towel	타우어
족집게(핀셋)	tweezers	트위-저-즈
종이 수건	paper towel	페이퍼- 타우어
치실	dental floss	덴터어 플러-스
치약	toothpaste	투-쓰페이스트
칫솔	toothbrush	투-쓰브뤄쉬

◆ 세탁용품 · 청소용품

mp3 **2-38**

세제	detergent	디터-줜트
다리미판	ironing table(board)	아이어닝 테이버(보어드)
빨래집게	clothespin	클로우즈핀
빨랫줄	clothesline	클로우즈라인
섬유유연제	softener, fabric conditioner	쏘-프너-, 패-브뤽 컨디셔너-
세탁물 바구니	laundry basket	런-드뤼 배-스킷
세탁세제; 빨랫비누	laundry detergent; washing soap	런-드뤼 디터-줜트; 워-쉉 소웁
세탁솔(수세미)	scrub brush	스크뤕 브뤄쉬
옷걸이	(clothes) hanger	(클로우즈) 행어-
표백제	bleaching powder	블리-칭 파우러-
걸레	rag	랙-
대걸레	mop	마압

빗자루	broom	브루움
솔	brush	브뤄쉬
스펀지	sponge	스펀쥐
쓰레기통	trash(garbage) can, (영)dustbin	트뢔-쉬(가-비쥐) 캔, 더스트빈
쓰레받기	dustpan	더스트팬-
양동이	bucket; pail	버킷, 페이어-
재활용통	recycling bin	뤼-싸이클링 빈

◆ 침구 · 잡화

mp3 2-39

침구	bedding, bedclothes	베딩, 벳클로우즈
담요(이불)	blanket	블랭-킷
베개	pillow	퓔로우
침대보	sheet	쉬잇
잡화	sundries	썬드뤼즈
가위	scissors	씨저-즈
거울	mirror	미뤄-
구두약	shoe polish	슈- 팔-리쉬
구둣주걱	shoehorn	슈-호언
분무기	trigger spray	트뤼거- 스프뤠이
시계	clock; watch(휴대가 가능한 시계)	클락-; 워-취
알람시계	alarm clock	얼라암 클락-

양산	parasol, sunshade	패-뤄쏘어, 썬쉬이드
우산	umbrella	엄브뤨러
접는 우산	folding umbrella	포울딩 엄브뤨러
재떨이	ashtray	애-쉬 트뤠이
테이프 자르는 기구	tape dispenser	테입 디스펜써-
화분	flowerpot	플라우어-팟

7 공구·도구

mp3 2-40

갈퀴	rake	뤠익
나사	screw	스크루-
나사받이(와셔)	washer	워-셔-
너트	nut	너트
대패	plane	플레인
도끼	ax	액-스
드라이버	screwdriver	스크루-드롸이버
렌치	wrench	뤤취
망치	hammer	해-머-
멍키렌치	monkey wrench	멍키 뤤취
못	nail	네이어-
바이스	vise	봐이스
볼트	bolt	보어트

사다리	step ladder, ladder	스탭- 래-러-, 래-러-
사포	sandpaper	샌-드페이퍼-
삽	shovel	셔버어
송곳	awl	오어
십자드라이버	phillips screwdriver	퓔립스 스크루-드롸이버
연장통	toolbox	투어박-스
외바퀴 손수레	wheelbarrow	위어배-뤄우
일자드라이버	flathead screwdriver	플랫-헷 스크루-드롸이버
전동공구	power tool	파우어- 투어
전동드릴	electric drill	일렉트뤽 드뤼어
톱	saw	쏘-
페인트 롤러	paint roller	페인트 로울러-
페인트 붓	paintbrush	페인트브뤄쉬
펜치	pliers	플라이어-즈
호스	hose	호우즈

Part

3

사회생활

1 학교

1 학교의 종류

mp3 3-01

학교	school	스쿠우어
남학교	boys' school	보이즈 스쿠우어
여학교	girls' school	거어즈 스쿠우어
남녀공학	coed school	코우엣 스쿠우어
공립학교	public school, (영)state school	퍼블릭 스쿠우어, 스테잇 스쿠우어
사립학교	private school, (영)public school	프롸이벗 스쿠우어, 퍼블릭 스쿠우어
초등학교	primary(elementary, grammar) school	프롸이메뤼(엘러멘트뤼, 그래-머-) 스쿠우어
중학교	middle(junior high) school	미를(쥬-니어- 하이) 스쿠우어
고등학교	(senior) high school	(씨-니어-) 하이 스쿠우어
공업학교	technical school	테크니커어 스쿠우어
상업학교	commercial school	커머-셔어 스쿠우어
대학	college(단과대학); university(종합대학)	칼-리쥐; 유-니버-씨디
사립대학	private college(university)	프롸이벗 칼-리쥐(유-니버-씨디)
주립대학	state college(university)	스테이트 칼-리쥐(유-니버-씨디)

전문대학	junior college	쥬-니어- 칼-리쥐
대학원	graduate school	그래-쥬엇 스쿠우어
경영대학원	business school	비즈너스 스쿠우어
공과대학원	engineering school	엔쥐니어륑 스쿠우어
법과대학원	law school	로- 스쿠우어
의과대학원	medical school	메리커어 스쿠우어
유아원	nursery	너-써뤼
유치원	kindergarten	킨더-가-든

관련단어와 표현

학기 **semester**(2학기제), **quarter**(4학기제) 씨메스터-, 쿼-러-
학교교육 **school education** 스쿠우어 에쥬케이션
직업교육 **vocational education** 보우케이셔너 에쥬케이션
의무교육 **compulsory education** 컴펄써뤼 에쥬케이션
재교육 **reeducation** 뤼에쥬케이션
전문(직업)교육 **vocational education** 보우케이셔너어 에쥬케이션
정규교육 **formal school education** 포-머 스쿠우어 에쥬케이션
모교 **one's alma mater** 원즈 앨-머 마-러-

2 학교시설

mp3 **3-02**

강당	auditorium	어리토-뤼엄
강의실	lecture room	뤡춰- 루움
교무실	teachers' room	티-춰-즈 루움

교무처	office of academic affairs	어-퓌스 옵 애-커데믹 어풰어-즈
교실	classroom	클래-스루움
교장실	principal's office	프륀써퍼-즈 어-퓌스
교직원실	staff room	스탭- 루움
구내식당	cafeteria	캐-풔티뤼아
기숙사	dormitory	도-머토-뤼
도서관	library	라이브뤄뤼
반(학급)	class	클래-스
실험실	laboratory	래-브뤄토-뤼
연구실	professor's office	프뤄풰써-즈 어-퓌스
운동장	playground, school yard	플레이그롸운, 스쿠우어 야-드
총장실	chancellor's office	챈-써러-즈 어-퓌스
학생회관	student union	스튜-든트 유-니언
행정관 건물	administration building	엇미니스트뤠이션 빌딩

3 학과

mp3 3-03

학과	department	디파-트먼트
학부	faculty	팩-커-티
전공	major	메이줘-
부전공	minor	마이너-

과목	subject	써브줵트
교양과목	liberal arts course	리버뤄어 아츠 코어-스
필수과목	required subject	뤼콰이어-드 써브줵트
선택과목	elective subject, elective	일렉팁 써브줵트, 일렉팁
건축학	architecture	아-키텍춰-
경영학	business administration	비즈너스 엇미니스트뤠이션
경제학	economics	에-커나-믹스
공학	engineering	엔쥐니어륑
농학	agriculture	애-그뤼컬춰-
문학	literature	리르뤄춰-
물리학	physics	퓌직스
미술	art	아앗
법학	law	러-
사회과학	social science	쏘우셔어 싸이언스
사회학	sociology	쏘우시알-러쥐
생물학	biology	바이알-러쥐
수학	mathematics, math	매-써매-릭스, 매-쓰
식물학	botany	바-트니
심리학	psychology	싸이칼-러쥐
언어학	linguistics	링귀스틱스
역사학	history	히스트뤼
영문학	English literature	잉글리쉬 리르뤄춰-

외국어	foreign language	풔-륀 랭-귀쥐
의학	medicine, medical science	메르쓴, 메리커어 싸이언스
인류학	anthropology	앤-뜨뤄팔-러쥐
전자공학	electronics	엘렉트롸-닉스
정치학	political science	펄리리커어 싸이언스
지리학	geography	쥐아-그뤄퓌
지질학	geology	쥐얼-러쥐
천문학	astronomy	어스트롸-너미
철학	philosophy	퓔라-써퓌
체육	physical education	퓌지커어 에쥬케이션
화학	chemistry	케미스트뤼
회계학	accounting	어카운팅

관련단어와 표현

전공하다	major in ~, specialize in~ 메이줘- 인, 스페셔어라이즈 인
학사학위	bachelor's degree 배-췰러-즈 디그뤼-
경영학사	Bachelor of Business Administration 배-췰러- 옵 비즈너스 엇미니스트뤠이션
공학사	Bachelor of Engineering 배-췰러- 옵 엔쥐니어륑
문학사	Bachelor of Arts 배-췰러- 옵 아-츠-
법학사	Bachelor of Laws 배-췰러- 옵 로-
이학사	Bachelor of Science 배-췰러- 옵 싸이언스
석사학위	master's degree 매-스터-즈 디그뤼-
박사학위	doctorate 닥-터뤗

4 학생·교직원

◆ 학생

mp3 **3-04**

학생	student, pupil	스튜-든트, 퓨-퍼
초등학생	elementary(primary) school student	엘리멘트뤼(프롸이메뤼) 스쿠우어 스튜-든트
중학생	middle(junior high) school student	미를(쥬-니어 하이) 스쿠우어 스튜-든트
고등학생	(senior) high school student	(씨-니어) 하이 스쿠우어 스튜-든트
대학생	college(university) student	칼-리쥐(유-니버-써리) 스튜-든트
대학졸업생	graduate	그뢔-쥬엇
학부생	undergraduate	언더-그뢔-쥬엇
대학원생	graduate student	그뢔-쥬엇 스튜-든트
1학년	first-year student; freshman(대학)	풔-스트 이어- 스튜-든트; 프뤠쉬먼
2학년	second-year student; sophomore(대학)	쎄컨 이어- 스튜-든트; 써-풔모-어
3학년	third-year student; junior(대학)	써-드 이어- 스튜-든트; 쥬-니어
4학년	fourth-year student; senior(대학)	포-쓰 이어- 스튜-든트; 씨-니어

관련단어와 표현

룸메이트 **roommate**(대학 기숙사에서 방을 함께 쓰는 사람) 루움메이트

우등생	honor(s) student 아-너-(즈) 스튜-든트	
열등생	poor student 푸어- 스튜-든트	

◆ 교직원

mp3 3-05

교직원	faculty	퐤-커어티
교장	principal	프륀씨퍼
교감	vice-principal	바이스 프륀씨퍼
교사	teacher	티-춰-
담임교사	home room teacher	후움 루움 티-춰-
총장	president, chancellor	프뤠지던, 첸-써러-
학장	dean	디인
교수	professor	프뤄풰써-
부교수	associate professor	어쏘-시에잇 프뤄풰써-
조교수	assistant professor	어씨스턴트 프뤄풰써-
지도교수	advisor	어드봐이저-
강사	lecturer, instructor	렉춰뤄-, 인스트뤅터-
조교	teaching assistant	티-칭 어씨스턴트

2 학교생활

1 학교생활

mp3 3-06

학교생활	school life	스쿠우어 라이프
교육	education	에쥬케이션
공부	study	스터디
수업	lesson, class	레쓴, 클래-스
결석	absence	앱-쎈스
조퇴	early leave	어얼리 리-브
지각	lateness	레잇너스
교과서	textbook	텍스트북
자습서	study-aid book	스터-디 에잇 북
예습	preparation	프뤠퍼뤠이션
복습	review	뤼뷰-
숙제(과제)	homework, assignment	호움워억, 어싸인먼트
정학	suspension	써스펜션
퇴학	expulsion	익스퍼어션
장학금	scholarship	스칼-러-쉽
학비	school expenses	스쿠우어 엑스펜시스
수업료	tuition	투이션
생활비	living expenses	리빙 엑스펜시스

관련단어와 표현

교육을 받다	receive education 뤼씨-브 에쥬케이션
공부하다	study 스터디
유학하다	study abroad 스터디 어브뤄-드
등교하다	go to school 고우 트 스쿠우어
하교하다	come home from school 컴 호움 프뤔 스쿠우어
수업이 없다	have no school 해-브 노우 스쿠우어
출석하다	attend class 어텐- 클래-스
수업을 빼먹다	cut class 컷 클래-스
예습하다	prepare one's lesson 프뤼페어- 원즈 레쓴
복습하다	review one's lesson 뤼뷰- 원즈 레쓴
정학을 당하다	be suspended from school 비 써스펜딧 프뤔 스쿠우어
퇴학을 당하다	be expelled from school 비 엑스펠드 프뤔 스쿠우어

2 시험 · 성적

mp3 3-07

시험	examination, exam	이그재-미네이션, 이그잼-
중간고사	midterm exam	밋터엄 이그잼-
기말시험	final exam	퐈이너어 이그잼-
재시험	retake, make-up test	뤼테익, 메이컵 테스트
쪽지시험	quiz	퀴즈
필기시험	written test	뤼튼 테스트
입학시험	entrance examination	엔츄뤈스 이그재-미네이션
수험생	examinee	익재-미니-

성적	result, record, grade	뤼저어트, 뤠커-드, 그뤠이드
학점	credit	크뤠딧
석차	class rank	클래-스 랭-
수석	head(top) of one's class	헷(탑-) 오브 원즈 클래-스

관련단어와 표현

시험을 준비하다	**prepare for an examination** 프뤼페어- 포-뤈 이그재-미네이션
시험을 치르다	**take an examination** 테이-컨 이그재-미네이션
시험에 합격하다	**pass an examination** 패-스 언 이그재-미네이션
시험에 떨어지다	**fail (in) an examination, flunk an examination** 풰일 (인) 언 이그재-미네이션, 플렁-컨 이그재-미네이션
성적이 좋다(나쁘다)	**get good(poor, bad) grades** 겟 구웃(푸어-, 베엣) 그뤠이즈

3 입학·졸업

mp3 **3-08**

합격통지서	letter of acceptance(admission)	레러- 오브 엑쎕턴스(어드미션)
졸업	graduation	그뢔-쥬에이션
졸업식, 학위수여식	commencement	커멘스먼트
논문	thesis	띠-시스
졸업 논문	graduation thesis	그뢔-쥬에이션 띠-시스
졸업장	graduation diploma	그뢔-쥬에이션 디플로우마

관련단어와 표현

입학하다	**enter school(college, university)** 엔터- 스쿠우어(칼-리쥐, 유-니버-써리)
지원하다	**apply for admission** 어플라이 포- 어드미션
등록하다	**register** 뤠쥐스터-
졸업하다	**graduate from ~** 그뢔-쥬에잇 프뤔
우등으로 졸업하다	**graduate with honors** 그뢔-쥬에잇 윗 아-너-즈

4 문방구

◆ 필기구

mp3 3-09

문구점	stationer's, stationery store	스테이쉬너-즈, 스테이쉬네뤼 스토어-
만년필	fountain pen	퐈운튼 펜
매직	marker	마-커-
볼펜	ball-point pen	보어-포인- 펜
사인펜	felt-tip pen	페엇팁 펜
샤프펜슬	mechanical pencil	메캐-니커어 펜써어
연필	pencil	펜써어
연필깎이	pencil sharpener	펜써어 샤-프너-
연필심	pencil lead	펜써어 렛
잉크	ink	잉크
형광펜	highlighter	하일라이러-

◆ 종이 · 미술용품

mp3 3-10

종이	paper, writing paper	페이퍼-, 롸이링 페이퍼-
크레파스	crayon	크뤠이안
필통	pencil case	펜써어 케이스
지우개	eraser	이뤠이저-
노트(공책)	notebook	노웃북
메모장	memo pad	메모우 팻-
수첩	personal organizer	퍼-써너어 오-거나이저-
편지지	letter paper, writing pad	레러- 페이퍼-, 롸이링 팻-
편지봉투	envelop	엔벨로웁
축하(인사)카드	greetings card	그뤼-딩즈 카아-
크리스마스카드	Christmas card	크뤼스머스 카아-
포장지	wrapper, wrapping paper	뢔-퍼-, 뢔-핑 페이퍼-
도화지	drawing paper	드뤄-잉 페이퍼-
물감	paint	페인트
붓	brush	브뤄쉬

◆ 기타 문구

mp3 3-11

가위	scissors	씨저-즈
본드	glue, adhesive	글루우, 애드히-씨브
스카치테이프	cellophane tape	쎌러풰인 테입
압정	tack, thumbtack, (영)drawing pin	택-, 떰택-, 드뤄-잉 핀

자	ruler	룰-러-
테이프	adhesive tape	애드히-씨브 테입
풀	glue stick	글루우 스틱
호치키스	stapler	스테이플러-

계산법

산수	arithmetic 어뤼쓰메틱
덧셈	addition 어디션 2+1=3(2 plus 1 equals 3.)
뺄셈	subtraction 썹트랙-션 8−3=5(8 minus 3 equals 5.)
곱셈	multiplication 멀터플러케이션 4×2=8(4 times 2 equals 8.)
나눗셈	division 디비전 10÷2=5(10 devided by 2 equals 5.)
분수	fraction 프랙-션 1/4(one quarter(one fourth)), 1/3(one third), 1/2(one half(half)), 2/3(two thirds), 3/4(three quarters(three fourths))
비율	ratio 뤠이쉬어우
백분율	percentage, percent 퍼-쎈니쥐, 퍼-쎈트 25%(twenty-five percent), 50%(fifty percent), 75%(seventy-five percent), 100%(one hundred percent)
공식	formula 포-뮬러-
방정식	equation 이퀘이전
삼각함수	trigonometric function 트뤼거너메트뤽 펑션
미분	differential calculus 디풔뤈셔어 캘-큐러스
적분	integral calculus 인터그뤌 캘-큘러스
벡터	vector 벡터-
좌표	coordinates 코오-디네이츠

3 일·직장

1 기업

mp3 3-12

회사	company, firm, enterprise, corporation	컴퍼니, 풔엄, 엔터-프롸이즈, 코-퍼뤠이션
공기업	public enterprise	퍼블릭 엔터-프롸이즈
사기업	private enterprise	프롸이빗 엔터-프롸이즈
중소기업	small and medium enterprise	스모어 앤 미리엄 엔터-프롸이즈
주식회사	corporation, stock company	코-퍼뤠이션, 스탁 컴퍼니
개인회사	private company	프롸이빗 컴퍼니
대기업	conglomerate	컨글라-머뤗
모회사	parent company	페뤈트 컴퍼니
자회사	affiliated company	어퓔리에이릿 컴퍼니
본사	headquarters	헤드쿼-러-즈
지사	branch office	브랜-취 어-퓌스

2 조직

mp3 3-13

조직	organization, structure	오-거너제이션, 스트뤅취-
부	department	디파-트먼트

국(과)	division	디비전
과	section	쎅션
영업부	sales(business) department	쎄이어즈(비즈너스) 디파-트먼트
총무부	general affairs department	줴너뤄어 어풰어-즈 디파-트먼트
인사부	personnel department	퍼-스너어 디파-트먼트
경리부	accounting department	어카운팅 디파-트먼트
홍보부	public relations(PR) department	퍼블릭 륄레이션즈 디파-트먼트
고객관리부	customer service department	커스터머- 써-비스 디파-트먼트
비서실	secretary's office	쎄크뤄테뤼즈 어-퓌스
연구소	laboratory, institute	래-브뤄토-뤼, 인스티튜웃
사무실	office	어-퓌스
공장	factory, plant	퐥-토뤼, 플랜-트
당직실	night-duty room	나잇 듀-리 루움
회의실	conference room	컨풔뤈스 루움

3 임직원

mp3 3-14

직급	rank	뢩-
직책	duty, position	듀-티, 포지션
경영(진)	management	매-니쥐먼트

경영자	manager	매-니줘-
이사회	board of director	보어드 옵 드뤡터-
이사	executive, director	에그제큐립, 드뤡터-
대표이사	representative director, chairperson	뤼프뤼젠너립 드뤡터-, 췌어-퍼-쓴
사장	president	프뤠지던트
전무	executive director	에그제큐립 드뤡터-
상무	senior vice president	씨-니어 바이스 프뤠지던트
감사	auditor	어-리터-
상임감사	standing auditor	스탠-딩 어-리터-
국장	director of a bureau	드뤡터- 오브 어 뷰-뤄우
부장	general manager	줴너뤄어 매-니줘-
차장	deputy general manager	데퓨디 줴너뤄어 매-니줘-
과장	section chief	쎅션 취입
대리, 주임	deputy section chief	데퓨디 쎅션 취입
평사원	ordinary employee	오-드네뤼 임플로이-
비서	secretary, personal assistant	쎄크뤄테뤼, 퍼-스너 어씨스턴트
경리	bookkeeper	북키이퍼-
근로자	worker; laborer(육체노동자)	워어커-; 레이버뤄-
시간제 근무 직원	part-timer	파앗 타이머-

3 일·직장

4 취업 · 고용

mp3 3-15

직업	occupation, job; profession(전문적인 직업)	아-큐페이션, 좌압; 프뤄풰션
노동인구	work force	워억 포-스
구인광고	job advertisement	좝 애-드버-타이즈먼-
구직	job hunting(seeking)	좝- 헌팅(씨-킹)
실직	unemployment	언임플로이먼트
고용(채용)	employment, recruitment	임플로이먼트, 뤼크루읏먼
결원(빈자리)	vacancy, opening	베이컨씨, 오-프닝
고용주	employer	임플로이어-
종업원	employee	임플로이-
봉급생활자	salaried employee	쌜-러뤼드 임플로이-
프리랜서	freelance	프뤼-랜-스
부업	side line	싸잇 라인
아르바이트	part-time job	파앗타임 좝-
이력서	résumé	뤼주움-
추천서	letter of recommendation	레러- 옵 뤠커멘데이션
자기소개서	cover letter	커버- 레러-
취업지원서	job application form	좝- 애-플리케이션 풔엄
면접	interview	인터-뷰우
입사시험	employment exam	임플로이먼- 이그잼
정규직	permanent position(job)	퍼-머넌트 퍼지션(좝-)

비정규직	temporary position(job)	템퍼뤄뤼 퍼지션(좝-)
계약직	contract position(job)	컨-트랙- 퍼지션(좝-)
상근직	full-time job	푸어 타임 좝-
관리직	management position	매-니쥐먼- 퍼지션
생산직	manufacturing position	매-뉴팩-춰륑 퍼지션
사무직	office job	어-퓌스 좝-
영업직	sales position	쎄이어즈 퍼지션
근로조건	working conditions	워어킹 컨디션즈
계약	contract	컨트랙-트
고용계약서	employment contract	임플로이먼트 컨트랙-트

관련단어와 표현

고용(채용)하다	**employ, hire** 임플로이, 하이어-
경력	**career** 커뤼어-
능력	**ability** 어빌러디
자격	**qualifications** 콸-러퓌케이션즈
고된 일	**hard work** 하-드 워억
편한 일	**easy job** 이-지 좌압
시간제의	**part time** 파앗 타임
면접하다	**interview** 인터-뷰우
상근직의	**full-time** 푸어-타임

5 임금·복지

mp3 3-16

임금	pay, wages, salary	페이, 웨이쥐즈, 쌜-러뤼
기본급	basic pay	베이직 페이
성과급	performance-related pay	퍼-풔-먼스 륄레이팃 페이
상여금	bonus	보너스
수당	extra pay	엑스트뤄 페이
최저임금	minimum wages	미니멈 웨이쥐즈
연봉	annual salary	애-뉴어 쌜-러뤼
초봉	starting salary	스타-링 쌜-러뤼
월급	monthly pay(wage, salary)	먼쓸리 페이(웨이쥐, 쌜-러뤼)
일당	daily wage	데일리 웨이쥐
시급	hourly pay	아우얼리 페이
시간외수당	overtime allowance	오우버-타임 얼라우언스
정기휴가	regular vacation	뤠귤러 베케이션
정년	retirement age	뤼타이어먼트 에이쥐
복지혜택	benefit	베너핏
퇴직금	severance pay	써버뤈스 페이
퇴직연금	retirement pension	뤼타이어먼트 펜션

6 근무(업무)

mp3 3-17

일(업무)	work, task, duty	워억, 태-스크, 듀-티
통근(하다)	commute	커뮤-트
지각	lateness, tardiness	레잇니스, 타-디니스
결근	absence	앱-썬스
내근	desk job	데스크 좝-
출장	business trip	비즈너스 트륍
명함	business card	비즈너스 카아
근무지	one's place of work	원즈 플레이스 옵 워억
교대(근무)	shift	쉬프트
근무시간	working(office, business) hours	워킹(어-퓌스, 비즈너스) 아우어즈
주간근무	day shift	데이 쉬프트
야간근무	night shift	나잇 쉬프트
시간외근무(야근)	overtime	오우버-타임
비번	off duty	오프 듀-리
당번	on duty	온 듀-리
휴가	leave, vacation, holiday	리-브, 베케이션, 할-러데이
선임	senior member	씨-니어- 멤버-
신입	new recruit	뉴- 뤼크루웃
상사	one's superior(boss)	원즈 수-피뤼어(보-스)

부하	one's subordinate(junior)	원즈 썹오-디넛(쥬-니어)
승진	promotion	프뤄모우션
좌천	demotion	디모우션
배치; 재배치	assignment; reassignment	어싸인먼트; 뤼-어싸인먼트
전근	transfer	츄랜-스퍼-
파견(하다)	dispatch	디스패-취
휴직	leave of absence	리-브 옵 앱-썬스

관련단어와 표현

바쁜	**busy** 비지
한가한	**free** 프뤼-
출근하다	**get to work** 겟 트 워억
지각하다	**be late for work** 비 레이트 포- 워억
퇴근하다	**leave the office** 리-브 디 어-퓌스
승진하다	**promote** 프뤄모웃
좌천하다	**demote** 디모웃

7 회의 · 노사분규

mp3 **3-18**

회의	meeting	미-링
총회	general meeting	줴느뤄어 미-링
사회자	chairperson	췌어-퍼-쓴
서기	clerk	클러억

개회	opening	오우프닝
안건	agenda	어젠더
노조	(labor) union	(레이버-) 유-니언
노사분규	labor dispute	레이버- 디스퓨웃
단체교섭	collective bargaining	컬렉팁 바-거닝
파업	strike, walkout	스트롸익, 워어카웃
총파업	general strike	줴느뤄어 스트롸익
직장폐쇄	lockout, closedown	럭-아웃, 클로우즈다운
파산	bankruptcy	뱅-크뤕씨
구조조정	restructuring	뤼-스뤅춰륑
파면	expulsion	엑스퍼어션
해고	discharge, dismissal	디스촤-쥐, 디스미썰
정리해고	layoff	레이옵-

관련단어와 표현

교섭하다	**negotiate** 니고-쉬에이트
파면하다	**expel** 엑스페어
해고하다	**discharge, fire** 디스촤-쥐, 퐈이어-

직업

■ 기업 관련 직업

사업가 **business person** 비즈너스 퍼-쓴
회사원 **office worker** 어-퓌스 워어커-
은행가 **banker** 뱅-커-
은행원 **bank clerk** 뱅-크 클럭
비서 **secretary** 쎄크뤄테뤼
회계사(회계원) **accountant** 어카운턴트
판매원(영업사원) **sales representative** 세어즈 뤠프뤼젠너립
계산원 **cashier** 캐-쉬어-
공장노동자 **factory worker** 퐥-트뤼 워어커-
도매업자 **wholesaler** 호우쎄일러-
소매업자 **retailer** 뤼테일러-

■ 의료 관련 직업

일반개업의사 **general practitioner** 줴느뤄 프뢕-티셔너-
전문의사 **specialist** 스페셔리스트
외과의사 **surgeon** 써-줜
내과의사 **physician** 퓌지션
치과의사 **dentist** 덴디스트
안과의사 **eye doctor** 아이 닥-터-
부인과의사 **gynecologist** 가이너칼-러쥐스트
산과의사 **obstetrician** 압-스터트뤼션
암 전문 의사 **oncologist** 안칼-러쥐스트
정신분석전문 의사 **psychoanalyst** 싸이코-애-널리스트
심리치료의사 **psychotherapist** 싸이코-떼뤄피스트
약제사 **pharmacist** 퐈-머씨스트
간호사 **nurse** 너-스

■ 기술 관련 직업

과학자 **scientist** 싸이언티스트
기술자 **engineer** 엔쥐니-어
시스템 엔지니어 **system engineer** 씨스텀 엔쥐니-어
컴퓨터 프로그래머 **computer programmer** 컴퓨-러- 프뤄-그래-머-
건축가 **architect** 아-키텍트
건축업자 **builder** 빌더-
목수 **carpenter** 카-펜터-
미장공 **plasterer** 플래-스터뤄-
배관공 **plumber** 플러머-
수리공 **repairman** 뤼페어맨-
전기 기사 **electrician** 일렉트뤼션
정원사 **gardener** 가-드너-

■ 정치·법률 관련 직업

정치인 **statesman(stateswoman)** 스테이츠먼(스테이츠우먼)
판사 **judge** 줘쥐
검사 **prosecutor** 프롸-씨큐-러-
변호사 **lawyer** 로이어-
경찰관 **police officer** 펄리스 어-퓌써-
형사 **detective** 디텍티브
소방관 **fire fighter** 퐈이어-퐈이터-
공무원 **public servant** 퍼블릭 써-번트

■ 예술 관련 직업

예술가(화가) **artist** 아-리스트
화가 **painter** 페인터-
조각가 **sculptor** 스커업터-
사진작가 **photographer** 풔타-그뤄풔-

만화가	**cartoonist** 카-투-니스트
음악가	**musician** 뮤지션

■ 요리·농어업 관련 직업

주방장	**chef** 쉡-
요리사	**cook** 쿡
웨이터	**waiter** 웨이러-
웨이트리스	**waitress** 웨이츄리스
영양사	**nutritionist** 누트뤼셔니스트
빵집주인	**baker** 베이커-
과자점주인	**confectioner** 컨펙셔너-
정육점주인	**butcher** 부춰-
식료품 잡화상	**grocer** 그뤄우써-
바텐더	**barman** 바-먼
농부	**farmer** 퐈-머-
낙농가	**dairy farmer** 데뤼 퐈-머-
축산업자	**stock farmer** 스탁- 퐈-머-
어부	**fisherman** 퓌셔-먼

■ 미디어 관련 직업

기자	**journalist** 줘-널리스트
뉴스 프로 진행자	**newscaster** 뉴-스캐-스터-
아나운서	**announcer** 어나운써-
비평가	**critic** 크뤼릭
번역가	**translator** 트뢘-스레이러-
통역사	**interpreter** 인터-프뤼터-
배우	**actor** 액-터-
연예인	**entertainer** 엔터-테이너-
TV 탤런트	**TV personality** 티-븨 퍼-써낼-러리

가수	**singer** 씽어-
디스크자키	**disc jockey** 디스크 좌-키

■ 기타 직업

광고업자	**adman** 애-드맨-
보석상	**jeweler** 쥬-얼러-
부동산중개인	**real estate agent** 뤼어 에스테잇 에이줜트
승무원(비행기)	**flight attendant** 플라잇 어텐던트
운동선수	**athlete** 애-쓸리잇
조종사	**pilot** 파일럿
증권 중개인	**stockbroker** 스탁-브뤄커-
증권분석가	**securities analyst** 써큐뤄티-즈 애-널리스트
패션디자이너	**(fashion) designer** (퐤-션) 디자이너-
미용사	**hairdresser** 헤어-드뤠써-
메이크업 아티스트	**makeup artist** 메이컵 아-리스트

4 경제

1 경제 · 경기

mp3 3-19

경제	economy	이카-너미
경제체제	economy system	이카-너미 씨스텀
자본주의	capitalism	캐-피럴리즘
사회주의	socialism	쏘우셜리즘
경제성장 목표	economic growth target	에-커나-믹 그뤄우쓰 타-깃
경제성장률	economic growth rate	에-커나-믹 그뤄우쓰 뤠잇
국제경제	international(global) economy	인터-내-셔너어(글로우버-) 이카-너미
국민경제	national economy	내-셔너어 이카-너미
시장경제	market economy	마-켓 이카-너미
화폐경제	monetary economy	머니테뤼 이카-너미
실물경제	real economy	뤼어-이카-너미
지하경제	underground economy	언더-그롸운 이카-너미
국내총생산	gross domestic product(GDP)	그뤄스 드메스틱 프롸덕트
국민총생산	gross national product(GNP)	그뤄스 내-셔너어 프롸덕트
국민총소득	gross national income(GNI)	그뤄스 내-셔너어 인컴
가계	household finances	하우스호울 파이낸-씨스

가계소득	household income	하우스호울 인컴
개인소득	personal income	퍼-스너어 인컴
수요	demand	드맨-드
공급	supply	써플라이
생산	production	프뤄덕션
소비	consumption	컨썸션
수입(소득)	income	인컴
지출	expense, spending	익스펜스, 스펜딩
산업	industry	인드스트뤼
자본	capital	캐-피러
이익(이윤)	profit	프뤄핏
호황	boom	부움
경기침체(불황)	recession, depression	뤼쎄션, 디프뤠션
인플레이션	inflation	인플레이션
디플레이션	deflation	디플레이션
경착륙	hard landing	하앗 랜-딩
연착륙	soft landing	쏩-트 랜-딩

관련단어와 표현

요구하다 **demand** 드맨-드
공급하다 **supply** 써플라이
투자하다 **invest** 인베스트

2 통화·물가

mp3 3-20

통화	currency	커-뤈씨
외환	foreign exchange	풔-륀 익스췌인쥐
동전	coin	코인
지폐	bill, note	빌, 노웃
구매력	purchasing power	퍼-춰씽 파우어
화폐가치	value of money	밸-류 옵 머니
환율	exchange rate	익스췌인쥐 뤠잇
평가절하	depreciation, devaluation	디프뤼-쉬에이션, 디-밸류에이션
평가절상	appreciation, revaluation	어프뤼-쉬에이션, 뤼-밸류에이션
교통요금 인상	fare hike	풰어-하익
전국 소비자 물가지수	national consumers price index	내-셔너어 컨수-머-즈 프롸이스 인덱스
도매가	wholesale price	호울쎄이어- 프롸이스
소매가	retail price	뤼테이어 프롸이스
저물가정책	low-price policy	로우 프롸이스 팔-러씨

3 무역

mp3 3-21

무역	trade, commerce	츄뤠이드, 커머-스
보호무역	protective trade	프뤄텍팁 츄뤠이드

자유무역	free trade	프뤼- 츄뤠이드
자유무역협정	Free Trade Agreement	프뤼- 츄뤠이드 어그뤼-먼트
수출(하다)	export	엑스포어트
수입(하다)	import	임포어트
검역	quarantine	쿼-뤈티인
금수조치	embargo	임바-고우
세관	customs	커스텀즈
신용장	letter of credit	레러- 옵 크뤠딧
송장	invoice	인보이스
무역장벽	trade barrier	츄뤠이드 배-뤼어-
무역마찰	trade conflict	츄뤠이드 칸-플릭트
보복관세 정책	retaliatory tariff policy	뤼탤-러토뤼 태-뤕 팔-러씨

4 재정 · 조세

mp3 3-22

재정	finance	퐈이낸-스
재정투융자	fiscal loan and investment	퓌스커어 로운 앤 인베스트먼트
예산	budget	버쥣
회계연도	fiscal year	퓌스커어 이어-
예산안	draft budget	드뢔-프트 버쥣
일반회계	general account	줴너뤄어 어카운트

세입	tax revenue	택-스 뤠버뉴-
세출	annual expenditure	애-뉴어 익스펜디춰-
삭감(하다)	cut	컷
국채	government bond	거버언먼트 바안드
채무(부채)	liabilities; debt	라이어빌러리즈; 데트
흑자	surplus	써-플러스
적자	deficit	데퓌싯
세금	tax	택-스
증세	tax increase	택-스 인크뤼-스
감세	tax cut	택-스 컷
납세자	taxpayer	택-스페이어-
세율	tax rate	택-스 뤠잇
과세	taxation	택-쎄이션
면세	tax exemption	택-스 이그젬션
탈세	tax evasion	택-스 이베이전
절세	tax avoidance	택-스 어보이든스

관련단어와 표현

재정의	**financial** 퐈이낸-셔어
과세하다	**tax** 택-스
비과세의	**tax-free** 택-스 프뤼
면세의	**tax exempt** 택-스 엑젬트
소득 공제가 되는	**tax-deductible** 택-스 디닥터버어

5 주식

mp3 3-23

주식	stock, securities	스탁, 써큐어뤄리즈
주식시장	stock market	스탁 마-킷
증권회사	stock trading firm	스탁 트뤠이딩 퍼엄
증권거래소	stock exchange	스탁 익스췌인쥐
주가	stock price	스탁 프롸이스
주가지수	stock index	스탁 인덱스
주주	stockholder	스탁호울더-
거래(매매)	stock trading	스탁 츄뤠이딩
매수	buying	바잉
매도	selling	쎌링
거래량	volume	벌-류움
시가	opening price	오우프닝 프롸이스
종가	closing price	클로우징 프롸이스
폭락(하다)	slump	슬럼
배당금	dividend	디비덴드

6 은행

◆ 은행의 종류 · 업무

mp3 3-24

은행	bank	뱅-크

Part 3 사회생활

중앙은행	central bank	쎈츄뤄어 뱅-크
미국연방준비은행	Federal Reserve Bank(FRB)	풰더뤄어 뤼저-브 뱅-크
한국은행	the Bank of Korea	더 뱅-크 오브 코뤼-어
지방은행	local bank	로우커어 뱅-크
상업은행	commercial bank	커머-셔어 뱅-크
신탁은행	trust bank	트뤄스트 뱅-크
신용조합(금고)	credit association	크뤠딧 어쏘-쉬에이션
저축은행	savings bank	쎄이빙즈 뱅-크
투자은행	investment bank	인베스트먼- 뱅-크
적립식 펀드	installment fund	인스터-먼 풘드
주식형 펀드	equity fund	에쿼티 풘드
현금서비스	cash advance	캐-쉬 어드밴-스
송금	remittance	뤼밋든스
온라인뱅킹	online banking	온라인 뱅-킹
모바일뱅킹	mobile banking	모우버- 뱅-킹
환전	exchange	엑스췌인쥐
대출	loan, financing	로운, 파이낸-싱
담보대출	secured loan	씨큐어-드 로운
주택담보대출	mortgage loan	모-기쥐 로운
가계대출	household loan	하우스호울 로운
신용대출	credit loan	크뤠딧 로운

◆ 예금 · 이자

mp3 3-25

보통예금	ordinary deposit	오-드네뤼 디파-짓
정기예금	time(fixed) deposit	타임(퓍스트) 디파-짓
저축예금	savings deposit	쎄이빙즈 디파-짓
당좌예금	checking account	췌킹 어카운트
적금	installment savings	인스토어먼 쎄이빙즈
예금통장	bankbook	뱅-크북
계좌	bank(savings) account	뱅-크(쎄이빙즈) 어카운트
예금주	depositor	디파-지러-
비밀번호	code number, password	코웃 넘버-, 패-스워-드
잔고	(bank) balance	(뱅-크) 밸-런스
원금	principal	프륀써퍼어
이자	interest	인트뤄스트
금리	interest rate	인트뤄스트 뤠잇
단리	simple interest	씸퍼어 인트뤄스트
복리	compound interest	컴-파운드 인트뤄스트
고정금리	fixed rate	퓍스트 뤠잇
변동금리	variable rate	베뤼어버 뤠잇
우대금리	prime rate	프롸임 뤠잇

관련단어와 표현

예금(하다)	**deposit** 디파-짓
입금(하다)	**credit, deposit** 크뤠딧, 디파-짓

출금(하다)	**debit, withdraw** 데빗, 윗드뤄-
창구직원	**cashier, teller** 캐-쉬어-, 텔러-
5번 창구	**window 5** 윈도우 파이브
서명	**signature** 씨그너춰-
현금 자동 입출금기	**ATM(Automated Teller Machine)** 에이 티- 엠(오-러메이릿 텔러- 머쉬인)

◆ 수표 · 어음

mp3 **3-26**

수표	check, cheque	췍, 췍
가계수표	personal check	퍼-쓰너어 췍
자기앞수표	bank check	뱅-크 췍
여행자수표	traveler's check	트뤠블러-즈 췍
수표책	checkbook	췍북
어음	bill, note	빌, 노웃
약속어음	promissory note	프롸-미써뤼 노웃
환어음	bill of exchange	빌 오브 익스췌인쥐
부도어음	dishonored bill	디스아너-드 빌

관련단어와 표현

이서하다	**endorse a check** 인도어-스 어 췍
100달러 수표	**a check for $100** 어 췍 포- 원 헌드뤳 달-러-
수표를 현금으로 바꾸다	**cash a check** 캐-쉬 어 췍
어음(수표)을 발행하다	**draw a bill(check)** 드뤄- 어 비어(췍)
어음을 할인하다	**discount a bill** 디스카운-터 비어
지불기한이 지난	**overdue, outstanding** 오우버-듀-, 아웃스탠-딩

5 소비

1 시장 · 판매점

◆ 시장

mp3 3-27

시장	market	마-켓
도매시장	wholesale market	호우쎄이어 마-켓
소매시장	retail market	뤼테이어 마-켓
어시장	fish market	퓌쉬 마-켓
우시장	cattle market	캐-를 마-켓
야시장	night market	나잇 마-켓
벼룩시장	flea market	플리- 마-켓
암시장	black market	블랙 마-켓

◆ 판매점

mp3 3-28

상점	store	스토어-
쇼핑몰	shopping mall	샤핑 모어
쇼핑센터	shopping center	샤핑 쎈터-
백화점	department store	디파-트먼 스토어-
면세점	duty-free shop	듀-리프뤼- 샵
특약점	exclusive agency	엑스클루-씹 에이전씨
전문점	specialty store	스페셔어티 스토어-

슈퍼마켓	supermarket	수퍼-마-킷
편의점	convenience store	컨비-니언스 스토어-
매점	kiosk	키-아-슥
가구점	furniture store	풔-니처- 스토어-
골동품 점	curio shop, antique shop	큐뤼오우 샵, 앤티익 샵
구둣가게	shoe store, (영)shoe shop	슈- 스토어-, 슈- 샵
기념품점	souvenir shop	수-버니어- 샵
꽃집	flower shop, florist	플라우어- 샵, 플로-뤼스트
모자가게	hat shop	햇 샵
모피 가게	furrier's	풔-뤼어-즈
서점	book store, (영)bookshop	북 스토어-, 북샵
스포츠용품점	sports shop	스포-츠 샵
악기점	musical instrument store	뮤지커어 인스트뤄먼트 스토어-
안경점	optician's	압-티션즈
양복점(양장점)	tailor's(dress maker's) shop	테일러-즈(드뤠스 메이커-즈) 샵
옷가게	clothing store	클로우딩 스토어-
완구점	toy shop	토이 샵
우산가게	umbrella shop	엄브뤨러 샵
유리제품 가게	glassware shop	글래-스웨어- 샵
음반가게	record shop	뤠코-드 샵
의상실	boutique	부우티익

잡화점	general store(shop), fancy goods store	줴너뤄어 스토어(샵), 퐨-시 구-즈 스토어-
중고품점	secondhand shop	쎄컨핸-샵
철물점	hardware shop	하-드웨어- 샵
카메라 점	camera shop	캐-므뤄 샵

2 음식점·식료품점

◆ 음식점

mp3 3-29

음식점	restaurant	뤠스터-뢴트
식당가	food court	푸웃 코옷
일식당	Japanese restaurant	좨퍼니-즈 뤠스터-뢴트
중식당	Chinese restaurant	촤이니-즈 뤠스터-뢴트
한식당	Korean restaurant	코뤼-언 뤠스터-뢴트
간이식당	snack bar	스낵- 바-
구내식당	cafeteria	캐-풰트뤼아
뷔페식당	buffet restaurant	버풰- 뤠스터-뢴트
패스트푸드점	fast-food restaurant	패-슷 푸웃 뤠스터-뢴트
커피숍; 카페	coffee shop; café	커-퓌 샵; 캐-풰

◆ 식료품점

mp3 3-30

식료품점	grocery store	그뤄-써뤼 스토어-

과일가게	fruit store	프루웃 스토어-
과자가게	confectionery store, candy store	컨펙셔네뤼 스토어-, 캔디 스토어-
빵집	bakery, baker's	베이커뤼, 베이커-즈
생선가게	fish shop	퓌쉬샵
야채가게	vegetable store, greengrocer's	베줘터버 스토어-, 그뤼인그뤄우써-즈
정육점	butcher's, meat shop	부춰-즈, 미잇 샵
주류판매점	liquor store	리커- 스토어-

3 상품·가격

◆ 상품

mp3 3-31

상품; 제품	goods, item; product	구-즈, 아이텀; 프롸-덕트
고급품	high-end product(goods)	하이 엔드 프롸-덕트(구-즈)
명품	brand-name product	브랜-드 네임 프롸-덕트
수입품	imported goods	임포어-릿 구-즈
국산품	domestic product	드메스틱 프롸-덕트
정품	genuine product	줴뉴언 프롸-덕트
모조품	imitation, fake, counterfeit	이머테이션, 풰익, 카운터-퓌잇
대량생산품	mass-produced product	매-스 프뤄듀스트 프롸-덕트

PB상품	private brand product	프라이벗 브랜- 프롸-덕트
신상품	new product	뉴- 프롸-덕트
특매품	bargain	바-긴
불량품	defective	디펙팁
기념품	souvenir	수-버니어-
지역특산품	local product(specialty)	로우커어 프롸-덕트 (스페셔어티)
공산품	industrial product	인더스트뤼어 프롸-덕트
생필품	necessaries	네써써뤼즈
일회용품	disposable product	디스포우저버 프롸-덕트
장식품(장신구)	ornament	오-너먼트
생리용품	sanitary items	쌔-너테뤼 아이덤즈
가죽제품	leather goods	레더- 구-즈
골동품	antique goods, curio	앤티익 구-즈, 쿠뤼오우
공예품	folk handcraft	포억 핸-크래프트
도자기제품	ceramic ware	써래-믹 웨어-
목각 장식품	woodcarving	웃카-빙
민속공예품	folkcraft	포억크래-프트
수공예품	handicraft	핸-디크래-프트
스포츠용품	sporting goods	스포-링 구-즈
자동차용품	car accessories	카- 엑쎄써뤼즈

관련단어와 표현

제조자	**maker** 메이커-
생산지	**place of production** 플레이스 옵 프뤄덕션
원료	**raw materials** 뤄어 머티뤼어즈
상표	**brand name** 브랜-드 네임
견본	**sample** 쌤-퍼
라이선스 생산	**produced under license** 프뤄듀스트 언더- 라이썬스
선물	**gift, present** 기프트, 프뤠즌트
잡화	**general merchandise** 줴너뤄어 머-천다이즈
교환 부품	**replacement parts** 뤼플레이스먼트 파아츠
재봉 도구	**sewing set** 쏘우잉 셋

◆ 가격

mp3 **3-32**

가격(값)	price	프롸이스
가격표	price tag	프롸이스 택-
시가	current price	커-뤈트 프롸이스
시장가	market price	마-켓 프롸이스
원가	cost price	코-스트 프롸이스
소매가	retail price	뤼테이어 프롸이스
도매가	wholesale price	호우쎄이어 프롸이스
소비자가	customer price	커스터머 프롸이스
정가	fixed price	픽스트 프롸이스
정찰제	fixed price system	픽스트 프롸이스 씨스텀
공장가	factory price	팩-트뤼 프롸이스

단가	unit cost	유-닛 코-스트
특가	special offer	스페셔어 어-퍼-
염가	low price	로우 프롸이스
호가	asking price	애-스킹 프롸이스

관련단어와 표현

싼 **cheap, economical, reasonable** 취입, 에커나-미커, 뤼-즈너버어
비싼 **expensive** 익스펜씹

4 판매 · 구매

◆ 판매

mp3 **3-33**

상인	merchant	머-춴트
판매자	seller	쎌러
수입업자	importer	임포-러-
노점상	street vendor	스트뤼잇 벤더-
계산원	cashier	캐-쉬어-
점원	sales clerk	쎄이어즈 클러억
고객(손님)	customer	커스터머-
매장	counter, section, department	카운터-, 쎅션, 디파-트먼
쇼윈도	shopwindow	샵윈도우
자판기	vending machine	벤딩 머쉰

점내 안내판	directory	드뤡터뤼
진열(하다)	display	디스플레이
진열대	shadow box, display stand	쇄-로우 박스, 디스플레이 스탠
영업시간	business hour	비즈너스 아우어-
재고	stock	스탁
세일	sale	쎄이어
할인	discount, reduction	디스카운트, 뤼덕션
월말 세일	end-of-month sale	엔덥 먼쓰 쎄이어
점포정리세일	clearance sale	클리어뤈스 쎄이어
특가판매	bargain sale, discount sale	바-긴 쎄이어, 디스카운- 세이어-
폐업세일	closeout sale	클로우자웃 쎄이어
수수료	fee, charge, commission	퓌-, 촤-쥐, 커미션
소비세	consumer tax	컨수-머- 택-스
판매세	sales tax	쎄이어즈 택-스

◆ 구매

mp3 **3-34**

구매	purchase	퍼-춰스
쇼핑객	shopper	샤-퍼-
윈도쇼핑	window shopping	윈도우 샤-핑
인터넷쇼핑	online shopping	온라인 샤-핑

품질보증서	guarantee	개-뤈티이
사용설명서	explanatory pamphlet, instruction book	엑스플래-너토뤼 팸-플럿, 인스트뤅션 북
애프터서비스	after-sales service	애-프터-쎄이어즈 써-비스
유효기간	expiration date	엑스퍼뤠이션 데잇
보증기간	length of guarantee	렝썹 개-뤈티이
포장	wrapping, package	뢔-핑, 팩-키쥐
계산대	counter, checkout	카운터-, 췌카웃
지불	payment	페이먼트
신용카드	credit card	크뤠딧 카아-
영수증	receipt	뤼씨-트
잔돈; 거스름돈	change; small coins	췌인쥐; 스모어 코인즈
품질	quality	콸러티
불만	complaint	컴플레인트
흠집	fault, flaw	풔어트, 플뤄
녹(때)	stain, spot	스테인, 스팟
교환(하다)	exchange	엑스췌인쥐
수리	repair	뤼페어-
환불	refund	뤼-풘
배달	delivery	딜리버뤼
무료배달	free delivery	프뤼- 딜리버뤼
수령	reception	뤼셉션

관련단어와 표현

쇼핑하러 가다	**go shopping** 고우 샤-핑
가게를 돌아다니다	**shop around** 샵 어롸운
지불하다	**pay** 페이
신용카드로 지불하다	**charge** 좌-쥐
현찰로 지불하다	**pay in cash** 페이 인 캐-쉬
월부로 지불하다	**pay in monthly installments** 페이 인 먼쓸리 인스토어-먼츠
수표로 지불하다	**pay by check** 페이 바이 췍

5 사물의 모양·색깔

◆ 모양

mp3 3-35

모양(형태)	form	포-엄
길이	length	렝쓰
중량	weight	웨이트
치수	measure(길이); size(크기)	메줘-; 싸이즈
점	point	포인트
구	sphere	스퓌어-
반구	hemisphere	헤미스퓌어-
원	circle	써-커어
반원	semicircle	쎄미써-커어
계란형(의)	oval	오우버어
타원형	ellipse	일립스

정삼각형	regular triangle	뤠귤러- 츄롸이앵거어
정사각형	square	스퀘어-
직사각형	oblong	아-블렁-
평행사변형	parallelogram	패-뤄럴러그램-
정오각형	pentagon	펜터가안
부등변사각형(사다리꼴)	trapezoid	츄뢔-퍼조잇
원뿔	circular cone	써-큘러- 코운
원통	cylinder	씰린더-
정육면체	cube	큐-읍
포물선	parabola	퍼뢔-벌러

◆ 색깔

mp3 3-36

색깔	color	컬러-
갈색	brown	브롸운
검정색	black	블랙-
금색	gold	고울드
네이비블루	navy blue	네이비 블루-
노란색	yellow	옐로우
무지개 색	rainbow color	뤠인보우 컬러-
미색(크림색)	cream	크뤼임
백금(색)	platinum	플랫-넘
베이지색	beige	베이쥐

보라색	violet	바이얼럿
분홍색	pink	핑크
빨간색	red	뤠
상아색	ivory	아이버뤼
암갈색	sepia	씨-피아
오렌지색(주황색)	orange	오-륀쥐
은색	silver	씰버-
인디고(암청색)	indigo	인더고우
자주색	purple	퍼-퍼어
주홍색	vermilion	버-밀리언
진홍색	crimson	크륌즌
청색	blue	블루-
초록색	green	그뤼인
황갈색	buff	버프
회색	grey	그뤠이
흰색	white	와이트

숫자 읽기

0	**zero** 지로우
1(1st)	**one(first)** 원(퍼스트)
2(2nd)	**two(second)** 투-(쎄컨드)
3(3rd)	**three(third)** 쓰뤼-(써-드)
4(4th)	**four(fourth)** 포어-(포-쓰)
5(5th)	**five(fifth)** 파이브(핍쓰)
6(6th)	**six(sixth)** 씩스(씩스쓰)
7(7th)	**seven(seventh)** 쎄븐(쎄븐쓰)
8(8th)	**eight(eighth)** 에잇(에이쓰)
9(9th)	**nine(ninth)** 나인(나인쓰)
10(10th)	**ten(tenth)** 텐(텐쓰)
11(11th)	**eleven(eleventh)** 일레븐(일레븐쓰)
12(12th)	**twelve(twelfth)** 트웰브(트웰프쓰)
13(13th)	**thirteen(thirteenth)** 써-티인(써-티인쓰)
14(14th)	**fourteen(fourteenth)** 포-티인(포-티인쓰)
15(15th)	**fifteen(fifteenth)** 핍프티인(핍프티인쓰)
16(16th)	**sixteen(sixteenth)** 씩스티인(씩스티인쓰)
17(17th)	**seventeen(seventeenth)** 쎄븐티인(쎄븐티인쓰)
18(18th)	**eighteen(eighteenth)** 에잇티인(에잇티인쓰)
19(19th)	**nineteen(nineteenth)** 나인티인(나인티인쓰)
20(20th)	**twenty(twentieth)** 트웬티(트웬티이쓰)
21(21st)	**twenty-one(twenty-first)** 트웬티 원(트웬티 퍼-스트)
22(22nd)	**twenty-two(twenty-second)** 트웬티 투-(트웬티 쎄컨드)
30(30th)	**thirty(thirtieth)** 써-티(써-티이쓰)
40(40th)	**forty(fortieth)** 포-티(포-티이쓰)
50(50th)	**fifty(fiftieth)** 핍티(핍티이쓰)
60(60th)	**sixty(sixtieth)** 씩스티(씩스티이쓰)

70(70th)	**seventy(seventieth)** 쎄븐티(쎄븐티이쓰)
80(80th)	**eighty(eightieth)** 에잇티(에잇티이쓰)
90(90th)	**ninety(ninetieth)** 나인티(나인티이쓰)
100(100th)	**one hundred(one hundredth)** 원 헌쥬럿(원 헌쥬러쓰)
101(101st)	**one hundred (and) one(one hundred (and) first)** 원 헌쥬럿 앤 원(원 헌쥬럿 앤 풔-스트)
102(102nd)	**one hundred (and) two(one hundred (and) second)** 원 헌쥬럿 앤 투-(원 헌쥬럿 앤 쎄컨드)
1000(1000th)	**one thousand(one thousandth)** 원 싸우즌드(원 싸우즌쓰)
1만	**ten thousand** 텐 싸우즌드
10만	**one hundred thousand** 원 헌쥬럿 싸우즌드
100만	**one million** 원 밀리언
1000만	**ten million** 텐 밀리언
1억	**one hundred million** 원 헌쥬럿 밀리언
10억	**one billion** 원 빌리언
100억	**ten billion** 텐 빌리언
1000억	**one hundred billion** 원 헌쥬럿 빌리언
1조	**one trillion** 원 트릴리언
2분의 1	**one half** 원 해-프
7분의 5	**five sevenths** 파입 쎄븐쓰
10:30 a.m.	**ten thirty a.m.** 텐 써-리 에이엠
5:05 p.m.	**five-o-five p.m.** 파입 오우 파입 피-엠
2/5/2015	**February the fifth, two thousand fifteen** 풰브뤄리 더 핍스, 투 싸우즌드 퓝프티인

도량형

■ 길이(length)

인치 **inch**(≒2.54cm) 인취
밀리미터 **millimeter**(≒0.04 inches) 밀러미-러-
풋 **foot**(≒12 inches≒0.3m) 풋
센티미터 **centimeter**(≒0.39 inches) 쎈터미-러-
야드 **yard**(≒3 feet=0.9m) 야-드
미터 **meter**(≒3.3 feet=1.1 yards) 미러-
마일 **mile**(≒1760 yards=1.6km) 마일
킬로미터 **kilometer**(≒0.6 miles) 킬라-미-러-

■ 면적(area)

평방인치 **square inch**(≒6.5 square centimeters) 스퀘어- 인취
평방피트 **square foot**(=144 square inches≒0.1 square meters) 스퀘어- 풋
평방야드 **square yard**(≒9 square feet≒0.84 square meters) 스퀘어- 야-드
에이커 **acre**(=4840 square yards, ≒4047 square meters≒0.4ha) 에이커-
평방마일 **square mile**(=640 acres≒260 hectares) 스퀘어- 마일

■ 체적(volume)

입방인치 **cubic inch**(≒16.4 cubic centimeters) 큐-빅 인취
입방피트 **cubic foot**(≒0.03 cubic meters) 큐-빅 풋
입방야드 **cubic yard**(≒0.76 cubic meters) 큐-빅 야-드

■ 용적(capacity)

파인트 **pint**(=0.5 quarts≒47 deciliters≒0.47 liters) 파인트
쿼트 **quart**(=2 pints≒0.95 liters) 쿼-트
갤런 **gallon**(=4 quarts≒3.8 liters) 갤-런

무게(weight)

온스	**ounce**(≒28.35 grams) 아운스
파운드	**pound**(=16 ounces≒454 grams≒0.454 kilograms) 파운드
톤	**ton** 턴 **short ton**(미국 톤; 약 2000 pounds) 쇼옷 턴 **long ton**(영국 톤; 약 2240 pounds) 롱 턴 **metric ton**(미터톤; 1000 kilograms) 메트릭 턴

온도(temperature)

화씨	**Fahrenheit** 풰-뤈하이트 (F=9/5C+32)
섭씨	**centigrade, Celsius** 쎈터그뤠이드, 쎌시어스 C=5/9(F−32)) 0°F=−17.8°C 50°F=10°C 70°F=21.1°C 90°F=32.2°C 100°F=37.8°C 0°C=32°F 10°C=50°F 20°C=68F 100°C=212°F

Part 4

여가생활

1 여행·관광

1 여행의 종류

mp3 4-01

여행	travel, trip, journey	츄래-버, 츄륍, 줘-늬
관광	sightseeing, tour	싸잇씨-잉, 투어
관광객	tourist, sightseer	투어뤼스트, 씨잇씨-어-
여행자	traveler	츄래-벌러-
국내여행	domestic travel	드메스틱 츄래-버
해외여행	overseas travel	오우버-씨-즈 츄래-버
세계일주 여행	round-the-world trip	롸운 더 워-얼 츄륍
대륙횡단 여행	transcontinental tour	트랜-즈컨-티넨터어 투어-
배 여행	traveling by sea(ship)	츄래-블링 바이 씨-(쉽)
비행기여행	traveling by air(plane)	츄래-블링 바이 에어-(플레인)
열차여행	traveling by train	츄래-블링 바이 츄뤠인
버스여행	bus tour, bus trip	버스 투어-, 버스 츄륍
육로관광	overland travel	오우버-랜 츄래-버
자동차여행	motor trip	모우러- 츄륍
수학여행	school trip	스쿠우어 츄륍
자전거여행	cycling tour	싸이클링 투어-
배낭여행	backpacking	백-패-킹

도보여행	hiking, hike	하이킹, 하익
단체여행	group travel	그루웁 츄뢔-버
자유여행	individual travel	인디비쥬어 츄뢔-버
신혼여행	honeymoon	허니무운
당일치기여행	day trip	데이 츄륍
1박2일 여행	overnight trip	오우버-나잇 츄륍
소풍	picnic, excursion	피크닉, 엑스커-줜

관련단어와 표현

여행하다	travel, make a trip 츄뢔-버, 메이-커 츄륍
관광을 하다	go sightseeing 고우 싸잇씨-잉

2 여행지 · 관광지

mp3 4-02

여행지(관광지)	tourist attraction, sight	투어뤼스트 어트랙-션, 싸이츠
사적지	historic spot	히스토-뤽 스파앗
명소	famous spot(place), scenic spot	풰이머스 스파앗(플레이스), 씨-닉 스파앗
유적	ruins, remains	루인즈, 뤼메인즈
유원지	amusement park	어뮤즈먼- 파악
기념물	monument	마-뉴먼트
축제	festival, feast	풰스티버어, 퓌-스트

강	river	뤼버-
계곡	valley	밸-리
공원	park	파악
광장	square	스퀘어-
대성당	cathedral	커띠-드뤄어
동굴	cave	케이브
동물원	zoo, zoological garden	주-, 조우러-쥐커어 가-든
묘지	cemetery, graveyard(교회 옆 묘지)	쎄메터뤼, 그뤠-의야-드
미술관	art museum, art gallery	아앗 뮤지-엄, 아앗 갤-러뤼
밀랍인형 박물관	wax museum	왁스 뮤-지엄
바다	sea, ocean	씨-, 오우션
박람회	fair, exhibition	풰어-, 엑써비션
박물관	museum	뮤-지엄
반도	peninsula	페닌썰라-
산	mountain	마운튼
생가	birthplace	버-쓰플레이스
섬	island	아일런드
성	castle	캐-쓸
성지	shrine, sacred ground	쉬롸인, 쎄이크륏 그롸운
수도원	monastery; nunnery(수녀원), convent(수녀원)	마-너스테뤼; 너너뤼, 칸-번트

수족관	aquarium	어퀘어뤼엄
식물원	botanical garden	버태-니컬 가-든
신전(神殿), 사원	temple	템퍼
온천	hot spring, spa	핫 스프륑, 스파-
이슬람사원	mosque	마-스크
폭포	falls, waterfall	풔어즈, 워-러-풔어
해변	beach, seashore	비-취, 씨-쇼어-
호수	lake	레익

관련단어와 표현

관광안내소 **tourist information** 투어뤼스트 인풔-메이션
여행안내서 **guidebook, handbook, manual** 가잇북, 핸-북, 매-뉴어-
가이드 **guide** 가잇
휴대품 보관소 **checkroom,** (영)**cloakroom** 첵루움, 클로욱루움

3 숙박

◆ 숙박시설의 종류

mp3 4-03

숙박시설	accommodations, lodging	어카-머데이션즈, 라-쥥
호텔	hotel	호우텔
유스호스텔	youth hostel	유-쓰 하-스터
모텔	motel	모우텔

여관	inn	인
민박	bed and breakfast	벳 앤 브뤡풔-스트
게스트하우스	guesthouse	게스트하우스

◆ 체류

mp3 **4-04**

체류(하다)	stay	스테이
빈 방	vacant room, room available	베이컨 루움, 루움 어베일러버
예약확인서	confirmation slip	컨풔-메이션 슬립
숙박부	guest register	게스트 뤠쥐스터-
숙박요금	room rate	루움 뤠잇
체크인	check-in	췌킨
체크아웃	check-out	췌카웃
본관	main building	메인 빌딩
별관	annex	애-넥스
싱글룸	single room	씽거어 루움
더블룸	double room	더버 루움
트윈룸	twin room(1인용 침대가 둘)	트윈 루움
3인실	triple room(1인용 침대가 셋)	츄뤼퍼 루움
보조침대	extra bed	엑스츄뤄 벳
프런트	front desk	프뤈트 데스크
현관; 복도; 로비	hall	호어

지배인	manager	매-니줘-
벨 캡틴	bell captain(호텔 현관에 근무하는 bell man, door man, porter를 감독하는 직원)	벨 캡-틴
벨 보이	bellboy, bellhop(호텔에서 손님들의 짐을 운반하는 직원)	벨보이, 벨합
포터	porter	포-러-
접객 담당자	concierge	컨씨에어-쥐
구내전화	housephone	하우스풔운
룸서비스	room service	루움 써-비스
세탁서비스	laundry service	런-드뤼 써-비스
당일 서비스	same-day service	쎄임 데이 써-비스
모닝콜	wake-up call	웨이컵 커어
화장실	toilet, rest room	토일럿, 뤠스트 루움
안전금고	safety box	쎄이프티 박스

관련단어와 표현

~에 숙박하다	**put up at ~, stay at ~** 풋 업 앳, 스테이 앳
예약하다	**make reservations for ~** 메익 뤠저-베이션즈 포-
식사요금 별도	**room only, European plan** 루움 오운리, 유뤄피-언 플랜-
식사요금 포함	**American plan** 어메뤼컨 플랜-
아침식사 제공	**breakfast only, Continental plan** 브뤡풔-스트 오운리, 칸-티넨터어 플랜

2 취미 · 오락

1 취미

mp3 4-05

취미	hobby, taste	하-비, 테이스트
고전 음악	classical music	클래-씨커어 뮤-직
그림 그리기	paintings	페인팅즈
낚시	fishing, angling	퓌슁, 앵-글링
등산	mountaineering, mountain climbing	마운튼니어륑, 마운튼 클라이밍
미술	fine arts	퐈인 아-츠
사냥	hunting	헌팅
사진	photography	풔타-그뤄-피
서예	East Asian calligraphy	이-스트 에이전 컬리그뤄퓌
서핑	surfing	써-퓡
스쿠버	scuba(잠수용 수중 호흡기)	스쿠-바
스케이트보드	skateboard	스케잇보-어드
스포츠	sports	스포-츠
암벽등반	rock climbing	롹 클라이밍
요가	yoga	요우가
요트	yacht, sailboat	야-트, 쎄이어보웃
우표수집	collecting stamps	컬렉팅 스탬-스

원예	horticulture	호-리컬춰-
조각	sculpture, carving	스컬춰-, 카-빙
화폐수집	coin collecting(동전); notaphily(지폐)	코인 컬렉팅; 노우태-필리

관련단어와 표현

~에 취미가 있다	be interested in ~, have a taste for ~ 비 인트뤠스팃 인, 해-버 테이스트 포
오토바이 타기	riding a motorcycle 롸이링 어 모우러-싸이커어
음악 감상	music appreciation, listening to music 뮤-직 어프뤼-쉬에이션, 리스닝 트 뮤-직
영화 감상	watching movies 워췽 무-비즈
낚싯대	fishing rod 퓌슁 롸-드

2 놀이

mp3 4-06

민속놀이	folk game	포욱 게임
가위바위보	rock-paper-scissors	롹- 페이퍼- 씨저-즈
구슬치기	marble	마아-버
눈싸움	snow fight	스노우 파이트
사방치기	hopscotch	합-스카-취
숨바꼭질	hide-and-seek	하이던씨익
연날리기	kite flying	카잇 플라잉
죽방울놀이	cup and ball	컵 앤 보어
줄넘기	jump rope	쩜- 로웁

팽이치기	top-spinning game	탑 스피닝 게임
보드게임	board game	보-어드 게임
마작	mahjong	마-쟁-
바둑	(the game of) go	(더 게임 옵) 고우
주사위 놀이	dice	다이스
체스	chess	췌스
전자오락	video game	비리오우 게임
TV게임	electronic TV game	엘렉트롸-닉 티-븨 게임
카드놀이	cards	카-즈
카드	card	카아-
포커	poker	포우커-
화투	flower cards	플라우어- 카-즈
다트	darts	다-츠
캐치볼	playing catch	플레-잉 캐-취
핀볼	pinball	핀보어

3 영화

mp3 **4-07**

영화	movie, (motion) picture, (영)film	무-븨, (모우션) 픽춰-, 퓌엄
단편영화	short film	쇼옷 퓌엄
장편영화	feature film	퓌-춰- 퓌엄

독립영화	independent film	인디펜던- 퓌엄
개봉영화	first-run movie	풔-스트 뤈 무-븨
외국영화	foreign movie	포-륀 무-븨
희극영화	comedy movie	카-머디 무-븨
비극영화	tragedy movie	트뢔-쥐디 무-븨
SF영화	sci-fi movie	싸이 퐈이 무-븨
공포영화	horror movie	호-뤄- 무-븨
기록영화	documentary film	다-큐멘터뤼 퓌엄
만화영화	animation	애-너메이션
멜로영화	melodrama	멜러드롸-마
성인영화	adult movie	어더엇 뮤-븨
뮤지컬 영화	musical movie	뮤지커어 무-븨
서부영화	western movie	웨스터언 무-븨
액션영화	action movie	액-션 무-븨
영화관	theater, cimema	띠어터-, 씨네마
개봉관	first-run theater	풔-스트 뤈 띠어러-
복합상영관	multiplex	멀티플렉스
자동차극장	drive-in theater	드롸이빈 띠어러-
심야영화	late-night movie	레잇 나잇 무-븨
시사회	preview	프뤼-뷰우
개봉	release, first-run	륄리-스, 풔-스트 뤈
동시상영	double feature	더버어 퓌-춰-

재 상영	revival	뤼바이버어
전편	first(original) movie	풔-스트(어뤼쥐너) 무-븨
속편	sequel	씨-크워
제작자	producer	프뤄듀-써-
시나리오	scenario	씨내-뤼오우
영화배우	movie star	무-븨 스타-
연기	acting	액-팅
주연배우	star, leading actor(actress)	스타-, 리-딩 액-터-(액-트뤄스)

관련단어와 표현

영화 보러 가다	**go to the movies** 고우 트 더 무-븨즈
연기하다	**act** 액-트
휴관	**closure** 클로우줘-
개관	**opening** 오우프닝
입장권	**ticket** 티킷
초대권	**invitation ticket** 인비테이션 티킷
암표	**illegal ticket** 일리-거 티킷
매진	**sellout** 쎌라웃

4 방송 · 라디오 · 텔레비전 · 프로그램

◆ 방송

mp3 **4-08**

방송	broadcast	브뤄-드캐-스트

방송국	broadcasting station	브뤄-드캐-스팅 스테이션
라디오 방송	radio broadcast	뤠이리오우 브뤄-드캐-스트
텔레비전 방송	television broadcast, telecast	텔러비전 브뤄-드캐-스트, 텔러캐-스트
FM방송	FM(frequency modulation) broadcast	에프엠 브뤄-드캐-스트
실황 방송	on-the-spot broadcasting	온 더 스팟- 브뤄-드캐-스팅
녹화(녹음) 방송	transcription	트랜-스크륍션
중계방송	relay broadcast	륄레이 브뤄-드캐-스트
스포츠 방송	sportscast	스포-츠캐-스트
해외방송	overseas broadcast	오우버-씨-즈 브뤄-드캐-스트
교내 방송	school broadcast	스쿠우어 브뤄-드캐-스트
광고방송	commercial message(CM)	커머-셔어 메씨쥐(씨-엠)

◆ 라디오 · 텔레비전 · 프로그램

mp3 **4-09**

라디오	radio	뤠이리오우
텔레비전	television, TV	텔러비전, 티-븨-
프로그램	program	프뤄-그램-
뉴스 프로	newscast	뉴-즈캐-스트
뉴스 해설	news commentary	뉴-즈 카-멘테-뤼

교육 프로그램	educational program	에쥬케이셔너 프뤄-그램-
아동용 프로그램	program for children	프뤄-그램- 포- 췰드뤈
오락 프로그램	entertainment program	엔터-테인먼트 프뤄-그램-
음악 프로그램	music program	뮤-직 프뤄-그램
인기 프로그램	popular program	파-퓰러- 프뤄-그램-
특집 프로	special program	스페셔어 프뤄-그램-
라디오(TV) 드라마	radio(TV) drama	뤠이리오우(티-븨-) 드롸-마
연속극	serial	씨뤼어
방송인	broadcaster	브뤄-드캐-스터-
해설자	commentator	카-먼테이터-
뉴스해설자	newscaster	뉴-즈캐-스터-
아나운서	announcer	어나운써-
예능인	entertainer	엔터-테이너-
청취자	listener	리쓰너-
시청자	viewer	뷰-어-
볼륨	volume	벌-류움
채널; 채널 6	channel; Channel 6	쵀-너; 쵀-너 씩스
스피커	speaker	스피-커-
셋톱박스	set-top box	쎗톱 박-스
화면	screen; picture(영상)	스크뤼인; 픽춰-
해상도	resolution	뤠절루-션

수리기사	repairman	뤼페어-맨-

관련단어와 표현

라디오로 ~을 듣다	listen to ~ on(over) the radio 리쓴 트 온(오우버-) 더 뤠이리오우
텔레비전으로 ~을 시청하다	watch ~ on television 워-취 온 텔러비전
틀다(끄다)	turn(switch) on(off) the radio(TV) 터언(스위취) 온(오프) 더 뤠이리오우(티-븨)
~로 채널을 맞추다	tune in to ~ 투운 인 트
라디오(TV)를 켜놓다	keep the radio(TV) on 키입 더 뤠이리오우(티-븨) 온
라디오(TV) 소리를 키우다(줄이다)	turn up(down) the radio(TV) 터언 업(다운) 더 뤠이리오우(티-븨)
수신 상태 좋음	good reception 구웃 뤼쎕션
수신 상태 나쁨	bad reception 뱃- 뤼쎕션
화질 나쁨	bad picture 뱃- 픽춰-
화질 좋음	good picture 구웃 픽춰-
고장 나다	be out of order 비 아웃 오브 오-러-
~을 수리하다	have ~ repaired 해-브 뤼페어-드

5 음악 · 악기

◆ 음악

mp3 4-10

음악	music	뮤-직
대중음악	popular music, pop	파-퓰러- 뮤-직, 팝
전자음악	electronic music	엘렉트롸-닉 뮤-직
현대음악	contemporary music	컨템퍼뤄뤼 뮤-직

노래	song	쏘옹
음향	sound	싸운드
연주	musical performance	뮤지커어 퍼-풔-먼스
합주	concert	칸-써-트
관현악	orchestral music	오-케스트뤄어 뮤-직
실내악	chamber music	췌임버- 뮤-직
관현악단	orchestra	오-키스트롸
교향악단	symphony orchestra	씸풔니 오-키스트롸
지휘자	conductor, director	컨덕터-, 드뤡터-
앙상블	ensemble(중창과 합창을 혼합한 대합창)	안-삼-버어
혼성합창	mixed chorus	믹스트 코-뤄스
뮤지컬	musical	뮤지커어
칸초네	canzone(이탈리아의 서정적 가곡)	캔조우니
합창곡	chorus	코-뤄스
연주회	recital	뤼싸이더어
앙코르	encore	앙-코어-

◆ 악기

mp3 4-11

악기	musical instrument	뮤-지커어 인스츄루먼
악보	score	스코-어
건반악기	keyboard instrument	키이보엇 인스츄루먼

아코디언	accordion	어코-리언
오르간	organ	오-건
피아노	piano	피에노우
하프시코드	harpsichord	하압씨코-드
현악기	stringed instrument	스트륑드 인스츄루먼
기타	guitar	기타-
만돌린	mandolin	맨-덜린
바이올린	violin	바이얼린
전자기타	electronic guitar	엘렉트롸-닉 기타-
첼로	cello	췔로우
콘트라베이스	double bass	더버 베이스
하프	harp	하압
관악기	wind instrument	윈드 인스츄루먼
금관악기	brass instrument	브래-스 인스츄루먼
목관악기	woodwind instrument	우웃윈 인스츄루먼
색소폰	saxophone	쌕-써풔운
오보에	oboe	오우보우
클라리넷	clarinet	클래-뤄넷
트럼펫	trumpet	츄뤔핏
트롬본	trombone	트롸-보운
플루트	flute	플루웃
하모니카	harmonica	하-마-너카

타악기	percussion instrument	퍼-커션 인스츄루먼
드럼	drum	드뤔
실로폰	xylophone	자일러풔운
심벌즈	cymbals	씸버어즈
탬버린	tambourine	탬-버뤼인
트라이앵글	triangle	트롸이앵-거

3 스포츠

1 스포츠

◆ 스포츠 일반

mp3 **4-12**

올림픽	the Olympic Games	디 얼림픽 게임스
세계기록	world record	워얼- 뤠커-드
심판	umpire(야구, 테니스, 배구, 배드민턴, 탁구, 수영, 클리켓 등); referee(농구, 권투, 축구, 럭비, 레스링 등)	엄파이어-; 뤠풔뤼-
감독	coach	코우취
코치	assistant coach	어씨스턴 코우취
공격수	offence	어풴스
수비수	defence	디풴스
주장	captain	캡-틴
개막전	opening game(match)	오우프닝 게임(매-취)
결승전	final game(match)	퐈이너어 게임(매-취)
개인전	individual event(game)	인디비쥬어 이벤트(게임)
단체전	team event	티임 이벤트
선수권대회	championship	챔-피언쉽
예선	preliminary round	프륄리미네뤼 롸운
본선	finals	퐈이너-즈

리그전	league	리-그
토너멘트	tournament	토너-멘트
전적	score, result	스코어-, 뤼저어트
우승	victory, championship, title	빅터뤼, 챔-피언쉽, 타이러
준우승	second place	쎄컨 플레이스
무승부	tie, draw	타이, 드뤄-
패	defeat, loss	디퓌-트, 로-스

◆ 구기

mp3 4-13

구기(종목)	ball game	보어 게임
야구	baseball	베이스보어
골프	golf	거어프
농구	basketball	배-스킷보어-
럭비	rugby	뤅비
배구	volleyball	바알리보어-
배드민턴	badminton	뱃-민튼
볼링	bowling	보울링
스쿼시	squash	스콰-쉬
축구	football; soccer	풋보어; 싸커-
크리켓	cricket	크뤼킷
탁구	table tennis, ping pong	테이버 테니스, 핑-파앙-

테니스	tennis	테니스
하키	hockey	하-키
핸드볼	handball	핸-보어-

관련단어와 표현

선수	**player** 플레이어-
공	**ball** 보어
라켓경기	**racquet sport** 뢔-케트 스포엇
프로야구	**professional baseball** 프뤄풰셔너어 베이스보어

◆ 수상스포츠 · 동계스포츠 · 기타

mp3 **4-14**

수상스포츠	water sports	워-러- 스포-츠
다이빙	diving	다이빙
수구	water polo	워-러- 포울로우
수영	swimming	스위밍
동계스포츠	winter sports	윈터- 스포-츠
동계올림픽	Winter Olympics	윈터- 얼림픽스
쇼트트랙	short track speed skating	쇼옷 트랙- 스피잇 스케이링
스케이트	skating	스케이링
스키	skiing	스키잉
스피드스케이팅	speed skating	스피잇 스케이링
아이스하키	ice hockey	아이스 하-키
피겨스케이팅	figure skating	퓌겨- 스케이링

격투기	martial arts	마-셔어 아-츠
권투	boxing	박-씽
레슬링	wrestling	뤠슬링
유도	judo	쥬-도우
태권도	Taekwondo	태-권도우
체조	gymnastics	쥠내-스틱스
펜싱	fencing	풴씽
사이클	cycling	싸이클링

2 육상경기

mp3 4-15

육상경기	track and field	츄뢕- 앤 퓌일-
주자	runner	뤄너-
계주	relay	륄레이
단거리달리기	splint, dash	스프린트, 대-쉬
100미터 달리기	100-meter dash	원 헌드뤳 미-러- 대-쉬
중거리달리기	middle-distance race	미를 디스턴스 뤠이스
장거리달리기	long-distance race	롱 디스턴스 뤠이스
마라톤	marathon (race)	매-뤄싼- (뤠이스)
경보	racewalking	뤠이스워어킹
장애물 경기	steeplechase	스티-퍼췌이즈

3천 미터 장애물 경주	3000-meter steeplechase	뜨뤼- 따우즌- 미-러- 스티-퍼췌이즈
허들경기	high hurdles	하이 허-들즈
5종 경기	pentathlon	펜태-쓸런
10종 경기	decathlon	디캐-쓸런
3단 뛰기	triple jump	트뤼퍼 졈-
높이뛰기	high jump	하이 졈-
멀리뛰기	broad jump, long jump	브뤄-드 졈-, 롱- 졈-
장대높이뛰기	pole vault	포우어 보-엇
투원반	discus throw	디스커스 쓰뤄-
투창	javelin throw	좨-블런 쓰뤄-
투포환	shot-put	솻 풋

3 축구 · 농구

mp3 **4-16**

축구장	football field	풋보어 퓌일
국가대표	national team player	내-셔너 티임 플레이어-
홈팀	home team	호움 티임
원정팀	visiting team	비지딩 티임
주전선수	first-string player	풔-스트 스트륑 플레이어-
교체선수	substitute	썹스티튜웃
공격수	forward	풔-워드

미드필더	midfielder	미드퓌일더-
수비수	defender	디풴더-
골키퍼	goalkeeper	고울키-퍼-
골	goal	고우어
자책골	own goal	오운 고우어
슈팅	shot	샷-
오프사이드	offside	옵싸잇
승부차기	penalty shootout	페널티 슈우다웃
농구장	basketball court	배-스켓보어 코엇
농구대	basketball stand	배-스켓보어 스탠-
농구선수	basketball player	배-스켓보어 플레이어-
쿼터	quarter	쿼어터-
야투	field goal	퓌일드 고우어
자유투	free throw	프뤼 쓰뤄우
골밑슛	put-back	풋 백-
덩크슛	dunk	덩크

4 야구

mp3 4-17

야구장	ball park, ground, field	보어 파악, 그롸운드, 퓌일드
회	inning(야구); round(권투 등); game(테니스)	이닝; 롸운; 게임

메이저 리그	major league	메이줘- 리-그
리그별 승자 결정전	Championship Series	챔-피언쉽 씨뤼-즈
감독	manager	매-니줘-
코치	coacher	코우취-
주심	chief umpire	취입 엄파이어-
누심	base umpire	베이스 엄파이어-
투수	pitcher	피취-
포수	catcher	캐취-
내야	infield, diamond	인퓌일-, 다이어먼-
내야수	infielder	인퓌일-더-
1루수	first baseman	풔-스트 베이스먼
2루수	second baseman	쎄컨 베이스먼
3루수	third baseman	써-드 베이스먼
유격수	shortstop	쇼옷스탑
외야	outfield	아웃퓌일-
외야수	outfielder	아웃퓌일-더-
우익수	right fielder	롸잇 퓌일더-
좌익수	left fielder	레프트 퓌일더-
중견수	center fielder	쎈터- 퓌일더-
타순	batting order	배-링 오-러-
타자	batter	배-러-
땅볼	grounder	그롸운더-

뜬공	fly	플라이
1루타	single	씽거어
2루타	two-base hit, double	투- 베이스 힛, 더버
3루타	three-base hit, triple	뜨뤼-베이스 힛, 츄뤼퍼어
홈런	home run, homer	호움 뤈, 호우머-
희생번트	sacrifice bunt	쌔-크뤄퐈이스 번-
도루	steal	스티어

5 수영

mp3 4-18

수영장	swimming pool	스위밍 푸-어
실내수영장	indoor swimming pool	인도어- 스위밍 푸-어
야외수영장	outdoor swimming pool	아웃도어- 스위밍 푸-어
수영선수	swimmer	스위머-
수영복	swimwear	스윔웨어-
수영모자	swimming cap	스위밍 캡-
물안경	swimming goggles	스위밍 가-거즈
오리발	swim fins	스윔 퓐즈
자유형	freestyle	프뤼- 스타이어
배영	backstroke	백-스트뤄욱
접영	butterfly	버러-플라이
평영	breaststroke	브뤠스-트로욱

개인혼영	medley race	메들리 뤠이스
계영	relay	륄-레이
혼계영	medley relay	메들리 륄-레이

3 스포츠

6 골프

mp3 4-19

골프장	golf course	고어프 코어스
골프연습장	driving range	드롸이빙 뤠인쥐
골프 카	golf cart	고어프 카-트
그린피	greens fee(골프장 사용료)	그뤼인즈 퓌-
그린	green(홀 주변 잔디를 짧게 자른 지역)	그뤼인
러프	rough(잔디를 다듬지 않은 지역)	뤄프
티	tee(첫 타구 때 공을 치는 위치)	티-
페어웨이	fairway(티와 그린 사이의 잔디밭)	풰어웨이
해저드	hazard(벙커·연못 등의 코스 내 장애물)	해-저-드
골프채	golf club	고어프 클럽
손잡이	grip	그륍
샤프트(대)	shaft	샤-프트
클럽헤드	clubhead	클럽헷
드라이버	driver	드롸이버-
우드	wood	우웃
아이언	iron(헤드가 금속제인 골프채)	아이언

퍼터	putter	퍼러-
웨지	wedge	웨쥐
골프채 한 세트	a set of golf clubs	어 세-럽 고어프 클럽스
샷	shot	샷
오비	out of bounds	아웃 옵 바운즈
퍼팅	putt	펏
타수	number of strokes	넘버- 옵 스트뤄욱스
벌타	penalty stroke	페널티 스트뤄욱
핸디캡	handicap	핸-디캡-
싱글	single-digit handicapper	씽거 디쥣 핸-디캐-퍼-

Part 5

교통

1 대중교통

1 대중교통 이용

◆ 대중교통 일반

mp3 **5-01**

교통수단	transport facilities, means of transportation	트랜- 스포엇 풔씰러리즈, 미인즈 오브 트랜-스포-테이션
운송	transportation	트랜-스포-테이션
승객	passenger	패-씬줘-
수하물	baggage	배-기쥐
출발	departure	디파-춰-
도착	arrival	어롸이버
정류장(정거장)	stop	스탑
종점(종착역); 터미널	terminal	터-미너어
대합실	waiting room; lounge(공항)	웨이링 루움; 라운쥐
매점	kiosk	키-아-스크
화장실	rest room, lavatory	뤠스트 루움, 래-버토-뤼
노선; 노선도	route; route map	루우트; 루웃 맵
출구	exit, (영)way out	엑씻, 웨이 아웃
교통(량)	traffic	츄뢔-퓍
교통사고	traffic accident	츄뢔-퓍 액-씨던
교통체증	traffic jam	츄뢔-퓍 잼

◆ 승차권 · 좌석

mp3 5-02

승차권	ticket	티킷
정기권	commuter pass	커뮤러- 패-스
매표소	ticket counter(office), booking office	티킷 카운터-(어-퓌스), 부킹 어-퓌스
표 자동판매기	ticket machine	티킷 머쉬인
요금	fare	풰어-
요금표	fare information	풰어- 인풔-메이션
할인요금	reduced fare	리듀-스드 풰어-
바가지요금	overcharge	오우버- 촤-쥐
통행료	toll	토우어
1등석	first class	풔-스트 클래-스
비즈니스 석(2등석)	business class	비즈너스 클래-스
이코노미 석(3등석)	economy class	이카-너미 클래-스
창가(통로) 쪽 좌석	window(aisle) seat	윈도우(아이어) 씨잇
빈 좌석	vacant seat	베이컨 씨잇

2 열차

◆ 열차의 종류

mp3 5-03

철도	railway	뤠일웨이
열차	train	츄뤠인

특급열차	express	엑스프뤠스
직행열차	non-stop train	난-스탑 츄뤠인
완행열차	accommodation train, local train	어카-머데이션 츄뤠인, 로우커어 츄뤠인
화물열차	freight train	프뤠잇 츄뤠인
지하철	subway, (영)underground	썹웨이, 언더-그롸운
시가전차	trolley, streetcar, (영)tram	츄랄-리, 스트뤼잇 카-, 츄램
모노레일	monorail	마-노우뤠이어
기관차	engine car, locomotive	엔쥔 카-, 로우커모우립
객차	passenger car	패-씬줘- 카-
식당차	dining car	다이닝 카-
침대차	sleeping car	슬리-핑 카-
쿠셋	couchette	쿠-쉣-

◆ 역

mp3 **5-04**

역	station	스테이션
기차역	railroad station, (영)railway station	뤠이어뤄웃 스테이션, 뤠일웨이 스테이션
상행(시내행) 열차	up-train, inbound train	업 츄뤠인, 인바운-츄뤠인
하행열차	down-train, outbound train	다운 츄뤠인, 아웃 바운- 츄뤠인
첫차	first train	풔-스트 츄뤠인

막차	last train	래-스트 츄뤠인
열차운행표	schedule, diagram	스케쥬어-, 다이어그램
플랫폼	platform	플랫-포-엄
1번 선로	Track One	츄랙 원
개찰구	ticket gate; turnstile(회전식)	티킷 게이트; 터언스타이어
포터(짐꾼)	porter	포-러-
역장	stationmaster	스테이션매-스터-
역무원	station employee	스테이션 임플로이-
차장	conductor(남), conductress(여), (영)guard	컨덕터-, 컨덕트뤼스, 가-드

관련단어와 표현

열차를 타다	take a train 테이-커 츄뤠인
열차에서 내리다	get off a train 게-로프 어 츄뤠인
열차가 역에 도착했다.	The train arrives at the station. 더 츄뤠인 어롸이브즈 앳 더 스테이션
열차가 역을 떠났다.	The train leaves the station. 더 츄뤠인 리-브즈 더 스테이션
열차를 갈아타다	change trains 췌인쥐 츄뤠인즈
칸막이 객실	compartment 컴파-트먼트
(배·기차의) 침상	berth 버-쓰

3 버스·택시

mp3 5-05

버스	bus	버스
버스기사	bus driver	버스 드롸이버-
버스노선	bus line	버스 라인
버스요금	bus fare	버스 풰어-
요금함	fare box	풰어- 박-스
시내버스	city bus	씨리 버스
시외버스	long-distance bus	롱 디스턴스 버스
직행버스	non-stop(direct) bus	난스탑(드뤡트) 버스
관광버스	sightseeing bus	싸잇씨-잉 버스
이층버스	double-decker	더버어 데커-
택시	taxi, cab	택-씨, 캡-
택시기사	taxi driver	택-씨 드롸이버-
택시미터	taximeter	택-씨미러-
택시요금	taxi fare	택-씨 풰어-
빈 차	for hire, vacant	포- 하이어-, 베이컨트
택시 승차장	taxi stand	택-씨 스탠-

관련단어와 표현

타다	take, get on 테익, 겟 온
내리다	get off 겟 오프
놓치다	miss 미스

4 비행기

◆ 비행기의 종류 · 비행장

mp3 5-06

비행기	airplane, plane	에어-플레인, 플레인
여객기	passenger plane	패-씬줘- 플레인
수송기	transport plane	트랜-스포엇 플레인
화물수송기	cargo plane	카-고우 플레인
경비행기	light aircraft	라잇 에어-크래-프트
군용기	warplane	워-플레인
민항기	civil aircraft	씨버어 에어-크래-프트
수상비행기	hydroplane, hydrofoil	하이드뤄플레인, 하이드뤄풔이어
수직 이착륙기	jump jet	점- 젯
제트기	jet plane	젯 플레인
프로펠러기	propeller plane	프뤄펠러- 플레인
헬리콥터	helicopter, chopper	헬리캅-터-, 촵-퍼-
비행장	flying field	플라잉 퓌일
관제탑	control tower	컨츄뤄어 타우어
활주로	runway	뤈웨이
이륙	take-off	테이코프
착륙	landing	랜-딩

◆ **공항·비행**

mp3 **5-07**

공항	airport	에어포엇
검역	quarantine, health check	쿼런틴, 헤어쓰 췍
도착 승객 대기실	arrival lobby	어롸이버어 라-비
보안검색	security check	쎄큐뤄리 췍
세관 검사	customs inspection	커스텀즈 인스펙션
수하물 찾는 곳	baggage claim area	배-기쥐 클레임 에어뤼어
출입국심사	immigration, passport control	이머그뤠이션, 패-스포엇 컨츄로어
탑승구	gate	게잇
항공사 카운터	airline counter	에얼라인 카운터-
고도	altitude	앨-티튜-웃
비행시간	flight time	플라잇 타임
시차	difference in time, time difference	디프뤈스 인 타임, 타임 디프뤈스
구명조끼	life jacket	라이프 좨-켓
기장	captain	캡-틴
사무장	purser(배·비행기의 사무장)	퍼-써-
승무원	flight attendant	플라잇 어텐던트
국내선	domestic flight	드메스틱 플라잇
국제선	international flight	인터-네셔너어 플라잇
직항편	non-stop flight, direct flight	난스탑 플라잇, 드뤡트 플라잇

환승편	connecting flight	커넥팅 플라잇
기착	stopover	스탑오우버-
연착	delay, late arrival	딜레이, 레잇 어롸이버어

관련단어와 표현

비행기를 타다	take an airplane, ride in a plane	테익-컨 에어-플레인, 롸이드 인 어 플레인
비행기로 가다	go by air, go by plane	고우 바이 에어-, 고우 바이 플레인

5 배

◆ 배의 종류 · 선체

mp3 5-08

배; 선박	ship, boat(작은 배); vessel	쉽, 보우트; 베써어
여객선	passenger ship	패-씬줘- 쉽
유람선	excursion boat, sightseeing boat	엑스커-젼 보웃, 싸잇씨잉 보웃
연락선(페리)	ferry	풰뤼
화물선	freighter	프뤠이러-
증기선	steamer, steamship	스티이머-, 스티임쉽
상선	merchant ship(vessel)	머-췬트 쉽(베써어)
어선	fishing boat	퓌쉉 보웃
군함	warship, battle ship	워-쉽, 베를 쉽
순시선(초계정)	patrol boat	퍼트뤄우어 보웃

쇄빙선	icebreaker	아이스브뤠이커-
예인선	tugboat	터그보웃
돛단배	sailboat, (영)sailing boat	쎄이어 보웃, 쎄일링 보웃
요트	yacht	야-트
잠수함	submarine	써브머뤼인
선실	cabin	캐-번
갑판	deck	덱
상갑판	upper deck	업퍼- 덱
중갑판	middle deck	미를 덱
하갑판	lower deck	로우워- 덱
뱃머리	bow	바우
선미	stern	스터-언
닻	anchor	앵-커-

◆ 항해 · 항구

mp3 5-09

항해	voyage	보이쥐
선장	captain	캡틴
항해사	mate	메이트
기관사	engineer	엔쥐니어-
선원	sailor, crew	쎄일러-, 크루-
기항지	port of call	포어-럽 커어
정박지	anchorage	앵-커뤼쥐

도착항	port of destination	포어-럽 데스티네이션
뱃멀미	seasick	씨-씩
구명대	float	플로웃
항구	harbor, port	하-버-, 포어트
부두	wharf, dock	워-프, 닥-
등대	lighthouse	라잇하우스

관련단어와 표현

입항하다	**enter port** 엔터- 포엇
출항하다	**set sail** 쎗 세이어-
승선하다	**take a ship** 테이-커 쉽
하선하다	**leave a ship** 리-버 쉽
닻을 올리다(내리다)	**weigh(drop) anchor** 웨이(드뢉-) 앵-커-
뱃멀미하다	**get seasick** 겟 씨-씩

2 자동차

1 차의 종류

mp3 5-10

자동차	automobile, car	어-러머비어, 카-
승용차	passenger car	패-씬줘- 카-
대형차	large sized car	라-쥐 싸이즈드 카-
중(中)형차	medium-sized car	미리엄 싸이즈드 카-
소형차	compact car	컴팩-트 카-
수동변속 차량	stick shift	스틱 쉬프트
자동변속 차량	automatic	어-러매-릭
사륜구동차	four wheel drive car	포어-위어 드롸입 카
전륜구동차	front wheel drive car	프뤈트 위어 드롸입 카
후륜구동차	rear wheel drive car	뤼어 위어 드롸입 카
렌터카	rent-a-car	뤤터카-
리무진	limousine	리머지인
세단	sedan, (영)saloon	씨댄-, 썰루운
스포츠카	sports car	스포-츠 카-
승합차	van	밴-
오픈카	convertible	컨버-뤄버
전망차	observation car	아-브저-베이션 카-
지프	jeep	쥐입

캠핑카	camper	캠-퍼-
케이블카	cable car	케이버 카-
화물차	truck	츄뤅

2 차의 외부

mp3 5-11

앞문	front door	프뤈트 도어
뒷문	rear door	뤼어 도어
전조등	headlight	헤드라잇
범퍼	bumper	범퍼-
타이어	tire	타이어
보닛	hood, (영)bonnet	훗, 바-닛
앞 유리	windshield, (영)windscreen	윈-쉬일, 윈-스크뤼인
차창	car window	카- 윈도우
사이드미러	side-view mirror	싸잇 뷰- 미러-
와이퍼	windshield wipers	윈-쉬일 와이퍼-즈
안테나	antenna	앤-테나
뒷 유리 서리 제거 장치	rear defroster	뤼어 디-프뤄-스터-
트렁크	trunk	츄뤙크ㅡ
미등	taillight	테이얼라잇
번호판	license plate	라이쓴스 플레이트
배기구	tailpipe	테이어파입

소음기	muffler	머플러-
바퀴	wheel	위어
휠캡	hubcap	허브캡-

3 차의 내부

mp3 5-12

운전석	driver's seat	드롸이버-즈 씨잇
조수석	passenger seat	패-씬줘- 씨잇
뒷좌석	backseat	백-씨잇
핸들	steering wheel	스티어링 위어
선바이저	visor	바이저-
룸미러	rearview mirror	뤼어뷰- 미러-
계기판	dashboard	대-쉬보어드
연료게이지	fuel gauge	퓨-어 게이쥐
속도계	speedometer	스피-다미러-
방향지시등	turn signal	터언 씨그너어
에어백	air bag	에어- 백-
경적	horn	호언
점화스위치	ignition	이그니션
사물함	glove compartment	글러브 컴파-트먼-
사이드브레이크	parking(emergency) brake	파-킹(이머-줜씨) 브뤠익

안전띠	shoulder harness	쇼울더 하-니스
안전벨트	seat belt	씨잇 벨트
브레이크	brake	브뤠익
액셀	accelerator, gas pedal	액쎌러레이러-, 개-스 페러
변속레버	gearshift(자동), stickshift(수동)	기어쉬프트, 스틱쉬프트
클러치	clutch	클러취

4 기계장치 · 정비

mp3 5-13

기화기	carburetor	카-버뤠이러-
라디에이터	radiator	뤠이리에이러-
배터리	battery	배-러뤼
엔진	engine	엔쥔
점화플러그	spark plugs	스파악 플럭즈
타이밍벨트	timing belt	타이밍 베어트
주유소	service station, gas station	써-비스 스테이션, 개-스 스테이션
주유소직원	attendant	어텐던트
정비기사	mechanic	머캐-닉
공기펌프	air pump	에어- 펌-
스페어타이어	spare tire	스페어- 타이어-
잭	jack	잭-

점프케이블	jumper cables	줨퍼- 케이버-즈
주유펌프	gas pump	개-스 펌-

5 도로

mp3 5-14

도로	road, roadway	뤄웃, 뤄우드웨이
연석	curbstone	커업스토운
도로지도	road map	뤄우드 맵
도로표지판	street sign	스트뤼잇 싸인
국도	highway	하이웨이
고속도로	express way, freeway, (영)motorway	익스프뤠스 웨이, 프뤼-웨이, 모러-웨이
간선도로	main street	메인 스트뤼잇
유료 도로	toll road	토우어 뤄웃
교차로	intersection	인터-쎅션
로터리	rotary, traffic circle, (영)round-about	뤄우러뤼, 트뢔-픽 써-커, 롸운더바웃
우회로	detour	디-투어-
지하차도	underpass	언더-패-스
터널	tunnel	터너어
횡단보도	crosswalk, pedestrian crossing	크뤄-스워억, 퍼데스트뤼언 크뤄-씽
과속방지턱	speed bump	스피잇 범-

가로등	streetlight	스트뤼잇라잇
신호등	signal, blinker, traffic light	씨그너어, 블링커-, 트뢔-퓍 라잇
오르막(길)	ascent	어쎈트
내리막길	descent	디쎈트

6 운전

mp3 5-15

운전(하다)	drive	드롸이브
운전면허증	driver's license, driving license	드롸이버-즈 라이썬스, 드롸이빙 라이썬스
국제운전면허증	International Driving Permit	이너-내셔너어 드롸이빙 퍼-밋
주차	parking	파-킹
추월	passing	패-씽
과속	speeding	스피-딩
차선	traffic lane	트뢔-퓍 레인
주차장	parking lot	파-킹 랏
자동차 정비소	garage, auto repair shop	거롸-쥐, 어로우 뤼페어- 샵
펑크	flat tire	플랫 타이어-
교통사고	traffic accident	트뢔-퓍 액-씨던
접촉사고	fender-bender, minor collision	풴더- 벤더-, 마이너- 컬리즌

충돌사고	car crash	카- 크래-쉬

관련단어와 표현

시동을 걸다	**start a car** 스타아-터 카-
정차(하다)	**stop, pull over** 스탑, 푸어 오우버-
주차하다	**park a car** 파아-커 카-
직진하다	**go straight** 고우 스트뤠잇
서행하다	**go slow** 고우 슬로우
추월하다	**pass** 패-스
후진하다	**back up** 백- 업
우회전하다	**turn right** 터언 롸잇
좌회전하다	**turn left** 터언 렙트
유턴하다	**make a U-turn** 메이-커 유-터언
과속하다	**speed** 스피잇

도로표지

입구	**ENTRANCE, WAY IN** 엔츄뤈스, 웨이 인
출구	**Exit, Way Out** 엑씻, 웨이 아웃
진입금지	**Do Not Enter** 두 낫 엔터-
전방 도로공사	**Road Construction Ahead** 뤄우드 컨스트뤅션 어헷
우회로	**Detour** 디-투어-
막다른 길	**Dead End** 뎃 엔드
갓길주의	**Soft Shoulders** 쏘프트 쇼울더-즈
정차금지	**No Stopping** 노우 스타-핑
좌회전금지	**No Left Turn** 노우 레프트 터언
유턴금지	**No U-turn** 노우 유-터언
좌회전 전용	**Left Turn Only** 레프트 터언 오운리
일방통행	**One Way** 원 웨이
우측통행	**Keep Right** 키입 롸잇
추월금지	**No Passing** 노우 패-씽
낙석주의	**Falling Rocks** 풜-링 롹스
통행금지	**No Thoroughfare** 노우 쓰-뤄우퉤어-
정지	**Stop, Halt** 스탑, 허-어트
서행	**Go Slow, Slow Down** 고우 슬로우, 슬로우 다운
속도제한	**SPEED LIMIT** 스피잇 리밋
횡단보도	**Pedestrian Xing** 퍼데스트뤼언 크뤄-씽
보행	**Walk** 워억
정지	**Don't Walk** 도운 워억
횡단금지	**No Crossing** 노우 크뤄씽
버스정류장	**Bus Stop** 버스 스탑-
택시 타는 곳	**Taxi** 택-씨
주차장	**P** 파-킹
주차금지	**NO PARKING** 노우 파-킹
만차	**CAR PARK FULL** 카- 파악 푸어

3 길 안내

mp3 5-16

주요 지형지물	landmark	랜-드마악
주소	address	어드뤠스
거리; ~가(街)	street, avenue	스트뤼잇, 애-버뉴-
건물	building, structure	빌딩, 스트뤅춰-
골목	alley	앨-리
다리	bridge	브뤼쥐
막다른 길	dead end	뎃 엔
모퉁이	corner	코-너-
버스터미널	bus depot, bus terminal	버스 디이포우, 버스 터-미너어
블록	block	블락-
육교	pedestrian overpass	퍼데스트뤼언 오우버-패-스
인도	sidewalk, pavement	싸잇워억, 페이브먼트
주택가	uptown	업타운
지름길	short cut(way)	쇼옷 컷(웨이)
지하도	underpass	언더-패-스
철도 건널목	railroad crossing	뤠이어뤄웃 크뤄-씽
파출소	police box	펄리-스 박스
버스정류장	bus stop	버스 스탑-
지도	map	맵-

시내지도	city map	씨리 맵
위치	location	로우케이션
방향	direction	드뤡션
거리	distance	디스턴스

관련단어와 표현

길을 묻다	**ask the way, get directions** 애-스크 더 웨이, 겟 드뤡션즈
길을 잃다	**lose one's way** 루-즈 원즈 웨이
지리를 잘 알다	**be familiar with a place** 비 퓌밀리어- 위-더 플레이스
지리를 잘 모르다	**be unfamiliar with a place, stranger in a place** 비 언퓌밀리어- 윗 어 플레이스, 스트뤠인줘- 인 어 플레이스
방향감각을 잃다	**lose one's sense of direction** 루-즈 원즈 쎈스 오브 드뤡션
방향을 잘못 잡다	**in the wrong direction** 인 더 뤙 드뤡션
데리고 가다	**take a person** 테이-커 퍼-슨
약도를 그리다	**draw a map** 드뤄- 어 맵-
먼	**far** 퐈-
가까운	**near** 니어-
곧장 가다	**go straight on** 고우 스트뤠이트 온
건너편에	**on the other side** 온 디 아더- 싸이드
~맞은편에	**opposite to ~** 아-퍼짓 트
여기서 걸어서 5분 걸린다.	**It takes five minutes to walk from here.** 잇 테익스 퐈입 미니츠 트 워억 프뤔 히어-
세 번째 정류장	**third stop**(대개는 three stop이라고 한다.) 떠-드 스탑

거리 간판, 안내판

안내소	**Information** 인풔-메이션
민박	**B&B(bed and breakfast)** 비 앤 비
주점	**LIQUOR** 리커-
카페	**CAFÉ** 캐-풰-
회원제	**Members Only** 멤버-즈 오운리
입장 무료	**Admission Free** 어드미션 프뤼-
입석 외 만원	**Standing Room Only** 스탠-딩 루움 오운리
예약됐음(예약석)	**Reserved** 뤼저-브드
계산대	**Cashier** 캐-쉬어-
비상구	**Emergency Exit** 이머-줜씨 엑씻
위험	**DANGER** 데인줘-
매물	**FOR SALE** 포- 쎄이어
비매품	**NOT FOR SALE** 낫 포- 쎄이어
금연	**No Smoking** 노우 스모-킹
화장실	**Restroom, Lavatory** 퀘스트루움, 래-버토-뤼
남자화장실	**Gentlemen, Men, Men's Room** 줸틀먼, 멘, 멘즈 루움
여자화장실	**Ladies, Women, Women's Room** 레이디즈, 위민, 위민즈 루움
사용 중	**Occupied** 아-큐파이드
일반인 출입 금지	**Private** 프롸이벗
관계자 외 출입 금지	**Staff Only** 스태-프 오운리
잔디밭에 출입금지	**Keep Off Grass** 키입 오프 그래-스
애완동물 입장금지	**No Pets Allowed** 노우 펫 얼라우드
수영금지	**No Swimming Here** 노우 스위밍 히어-
(용무 외) 입장사절	**No Admittance (except on business)** 노우 어드밋턴스 (익셉트 온 비즈너스)
입실 사절	**Do Not Disturb** 두 낫 디스터-브
출입금지	**Keep Out, Off Limits, KEEP OFF** 키입 아웃, 오프 리미츠, 키입 오프

방향, 방위

■ 동·서·남·북

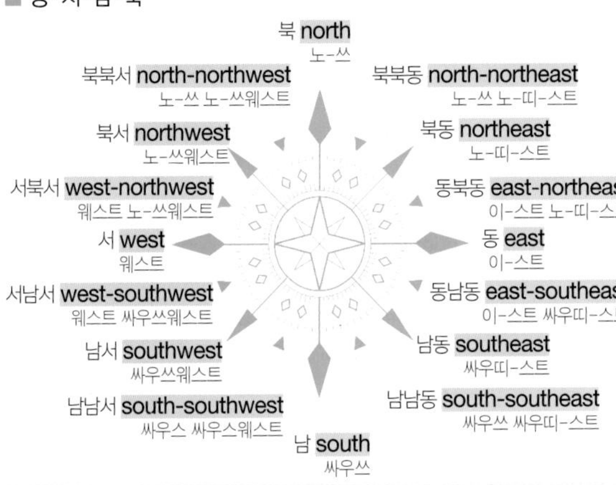

동쪽의	eastern 이-스터언
동쪽으로	eastward 이-스트워-드
서쪽의	western 웨스터언
서쪽으로	westward 웨스트워-드
남쪽의	southern 써더언
남쪽으로	southward 싸우쓰워-드
북쪽의	northern 노-던
북쪽으로	northward 노-쓰워-드

■ 상·하

위로	up 업
아래로	down 다운
아래쪽으로	downward 다운워-드

위쪽으로	upward 업워-드
아래층으로(에서)	downstairs 다운스테어-즈
위층으로(에서)	upstairs 업스테어-즈

■ 좌·우

왼쪽의(으로)	left 레프트
오른쪽의(으로)	right 롸잇
왼쪽으로	leftward 레프트워-드
오른쪽으로	rightward 롸잇워-드
왼쪽	left hand(side) 레프트 핸-드(싸이드)
오른쪽	right hand(side) 롸잇 핸-드(싸이드)
왼쪽의	left-hand 레프트 핸-드
오른쪽의	right-hand 롸잇 핸-드

■ 전·후

앞쪽	front 프뤈트
뒤쪽	back 백-
~ 앞에(에서)	in front of~ 인 프뤈트 오브
~ 뒤에(에서)	behind, at the back of~ 비하인드, 앳 더 백- 오브
앞에(앞쪽에)	forward 풔-워-드
뒤에(뒤쪽에)	backward, back 백-워-드, 백-
앞으로(앞에)	ahead 어헷
뒤로(뒤에)	behind 비하인드

■ 내·외

안에(안으로)	inside 인싸이드
실내의	indoor 인도어-
실내에서, 실내로	indoors 인도어-즈

내부(안쪽)의	**inner** 이너-
안으로	**inward** 인워-드
안에	**in** 인
~ 안으로	**into~** 인트
밖(의), 외부로(에서)	**outside** 아웃싸이드
옥외의	**outdoor** 아웃도어-
옥외에서	**outdoors** 아웃도어-즈
외부의	**outer** 아우터-
밖으로의	**outward** 아웃워-드
밖에(밖으로)	**out** 아웃
~ 안에서 (밖으로)	**out of~** 아웃 오브

Part 6

통신

1 전화

1 전화(기)

mp3 6-01

전화(기)	telephone, phone	텔러풔운, 풔운
공중전화	public telephone, pay phone	퍼블릭 텔러풔운, 페이 풔운
공중전화 부스	telephone booth	텔러풔운 부-쓰
유선전화	corded telephone	코어딧 텔러풔운
팩시밀리(팩스)	facsimile(fax)	퐥-씨멀리(퐥-스)
휴대전화	mobile phone	모우블 풔운
동전투입구	slot	슬랏
다이얼	dial	다이어
전화선	telephone line	텔러풔운 라인
수화기	receiver	뤼씨-버-
송화구	mouthpiece	마우쓰피-스
버튼	button	버든
우물정(#) 키	pound key, number sign	파운드 키-, 넘버-싸인
별표(*) 키	asterisk key, star key	애-스터뤼스 키-, 스타- 키-
전화벨	ring	륑
벨소리	ring tone	륑 토운
액정	screen	스크뤼인

충전	charge	촤-쥐

2 통화

mp3 6-02

통화(전화)	(phone) call	(풔운) 커어
문자	text	텍스트
문자메시지	text message	텍스트 메씨쥐
문자 메시지 전송 서비스	SMS(Short Message Service)	에스엠에스(쇼옷 메씨쥐 써-비스)
음성메시지	voicemail	보이스메이어
전화번호부	telephone directory, phone book; Yellow Pages(업종별), White Pages(인명별)	텔러풔운 드뤡터뤼, 풔운 북; 옐로우 페이쥐즈, 와잇 페이쥐즈
전화번호안내	directory assistance	디렉터뤼 어씨스턴스
시내전화	local call	로우커어 커어
국제전화	international call, overseas call	인터-내셔너어 커어, 오우버-씨-즈 커어
장거리전화	long distance call	롱 디스턴스 커어
외부전화	outside call	아웃싸잇 커어
구내전화	extension	익스텐션
비상전화	emergency call	이머-줜씨 커어
수신자 부담 통화	collect call	컬렉트 커어
상대방	party	파-리

교환	operator	어-퍼뤠이러-
접속(연결)	contact, connection	칸-택-, 커넥션
발신음	dial tone	다이어 토운
통화료	phone bill	풔운 빌
전화번호	telephone number, phone number	텔러풔운 넘버-, 풔운 넘버-
국가번호	country code	컨츄뤼 코읏
대표전화	main number, pilot number	메인 넘버-, 파일럿 넘버-
단축번호	speed dial	스피잇 다이어
지역번호	area code	에어뤼어 코읏
전화카드	telephone card	텔러풔운 카아
혼선	bad connection	뱃 커넥션

관련단어와 표현

전화를 가설하다	**install a telephone** 인스토어 러 텔러풔운
전화를 걸다	**call, make a call, ring up** 커어-, 메이 커 커어-, 륑 업
전화를 받다	**answer the phone** 앤-써 더 풔운
전화를 끊다	**hang up** 행- 업
전화로 연락하다	**contact by phone** 칸-택- 바이 포운
통화중입니다.	**The line is busy.** 더 라인 이즈 비지
다시 걸다	**dial again** 다이어 어겐-
끊지 않고 기다리다	**hold the line, hold on** 호울-더 라인, 호울-돈
잘 들리지 않다	**cannot hear well** 캐-나앗 히어- 웨어
전화 받으라고 부르다	**call a person to the phone** 커어-러 퍼-쓴 트 더 풔운
전화 잘못 거셨어요.	**You have the wrong number.** 유 해-브 더 뤙 넘버-

2 우편

1 우편물

mp3 6-03

우편	post, mail	포우슷, 메이어-
국내우편	domestic mail	드메스틱 메이어-
국제우편	international mail	인터-내-셔너어 메이어-
등기우편	registered mail	뤠쥐스터-드 메이어-
속달	special delivery, express mail	스페셔어 딜리버뤼, 엑스프뤠스 메이어
편지	letter	레러-
엽서	postal card, (영)post card	포우스터 카아, 포우슷 카아
그림엽서	picture postcard	픽춰- 포우슷카아
소포	parcel, package	파-써어, 패-키쥐
내용물	contents	컨텐츠
인쇄물	printed matter	프륀팃 매러-
답장	reply, answer	뤼플라이, 앤-써-
보내는 사람	sender, addresser	쎈더-, 어드뤠써-
보내는 사람 주소	return address	뤼터언 애쥬뤠스
받는 사람	recipient, addressee	뤼씨피언트, 애-드뤠씨-
받는 사람 주소	forwarding address	포-워-딩 애드뤠스

2 우체국

mp3 6-04

우체국	post office	포우슷 어-퓌스
사서함	post-office box(PO Box), call box	포우스터퓌스 박스, 커어 박스
항공편	airmail	에어-메이어-
선편	sea mail, surface mail	씨- 메이어, 써-퓌스 메이어
서적 우편요금	book rate	북 뤠잇
추가요금	extra charge	엑스츄뤄 촤-쥐
취급주의	handle with care	핸-더어 윗 케어-
우표	stamp, postage stamp	스탬, 포우스티쥐 스탬
기념우표	commemorative stamp	컴메머뤠-립 스탬-
소인	postmark	포우슷마-악
우체통	mailbox	메이어-박-스
우편함	letter box	레러-박-스
우편집배인	mail carrier, postman	메이어- 캐-뤼어-, 포우스트먼
우편번호	zip code, (영)post code	집 코웃, 포우슷 코웃
우편요금	postage	포우스티쥐
봉투	envelope	엔벌로웁
풀	paste, glue	페이스트, 글루-

3 컴퓨터 · 인터넷

1 컴퓨터

mp3 6-05

컴퓨터	computer	컴퓨-러-
하드웨어	hardware	하앗웨어
네트워크	network	네트워억
시스템	computer system	컴퓨-러- 씨스텀
저장장치	storage	스토-뤼쥐
소프트웨어	software	쏘옵트웨어
운영체제	operating system	아-퍼뤠이링 씨스텀
프로그램	program	프뤄우그램-
응용프로그램	application	애-플리케이션
바이러스	computer virus	컴퓨-러- 바이뤄스
모니터	monitor	마-니터-
하드디스크	hard disk drive	하앗 디스크 드롸이브
외장하드	external hard disk drive	엑스터-너어 하앗 디스크 드롸이브
USB메모리	USB flash drive	유-에스비 플래-쉬 드롸이브
키보드	computer keyboard	컴퓨-러- 키-보-엇
마우스	mouse	마우스
프린터	printer	프륀터-

스캐너	scanner	스캐-너-
파일	file	퐈이어
폴더	folder	포울더-
압축파일	compressed file	컴프뤠슷 퐈이어
첨부파일	attached file	어태-췻 퐈이어
확장자	file extension	퐈이어 익스텐션

2 인터넷·이메일

mp3 6-06

유선인터넷	wired Internet	와이엇 인터넷
무선인터넷	wireless Internet	와이어러스 인터넷
유선통신	wired communications	와이엇 커뮤-니케이션즈
무선통신	wireless communications	와이어러스 커뮤-니케이션즈
이동통신	mobile communications	모우버 커뮤-니케이션즈
검색	Internet search	인터넷 써-취
웹서핑	Web surfing	웹 써-퓡
즐겨찾기	bookmark	북마악
댓글	comment	카-멘트
답글	reply	뤼플라이
채팅	online chat	온라인 챗-
방화벽	firewall	퐈이어워어

이메일	email	이-메이어
로그인(하다)	login(log in)	로-긴
로그아웃(하다)	logout(log out)	로-가웃
접속(하다)	access	액-쎄스
오류	error	에뤄-
내려받기(하다)	download	다운로웃
업로드	uploading	업로우딩
복사(하다)	copy	카-피
붙여넣기(붙여넣다)	paste	페이스트
잘라내기(잘라내다)	cut	컷
삭제	deletion	딜리-션
복원	restoration	뤠스터뤠이션
백업(하다)	backup	배-컵
포맷	formatting	포-매-링

관련단어와 표현

다운되다	go down, crash 고우 다운, 크뢔-쉬
검색하다	search 써-취
웹서핑하다	surf 써업
업로드하다	upload 업로웃
덮어쓰다	overwrite 오우버-롸잇
삭제하다	delete 딜리잇
복원하다	restore 뤼스토-어
포맷하다	format 포-맷-
첨부하다	attach 어태-취

Part 7

건강과 질병

1 건강

1 생리현상 · 배설물

mp3 7-01

생리현상	physiological phenomenon	퓌지어라쥐커 풔나-미넌
딸꾹질(하다)	hiccup	히컵
방귀	break wind, fart	브뤠익 윈드, 파-트
생리	period, menstruation	피어뤼엇, 멘스투루에이션
트림(하다)	belch, burp	벨취, 버-업
하품(하다)	yawn	요언
배설물	excretion, human waste	엑스크뤼-션, 휴-먼 웨이스트
분비물	secretion	씨크뤼-션
가래	phlegm	플렘
고름	pus	퍼스
눈곱	sleep	슬리입
눈물	tear	티어-
대변; 똥	excrement; feces; poop(유아어)	엑스크뤠먼트; 퓌씨즈; 풉
땀	sweat	스웨트
소변; 오줌	urine; pee	유륀; 피-
침	saliva	썰라이버

2 병원

mp3 7-02

병원	hospital	하-스피러
진료소(개인병원)	clinic	클리닉
종합병원	general hospital	줴느뤄 하-스피러
국립병원	national hospital	내-셔너 하-스피러
시립병원	municipal hospital	뮤-니씨퍼 하-스피러
응급병원	emergency hospital	이머-줜씨 하-스피러
보건소	community health center	커뮤-니티 헤어쓰 쎈터-
의무실(양호실)	infirmary	인풔엄머뤼
진료실	doctor's office	닥터-즈 어-퓌스
병동	ward	워-드
병실	sickroom	씩루움
병상	hospital bed	하-스피를 벳
중환자실	intensive care unit	인텐씹 케어 유-닛
수술실	operating room	어퍼-뤠이링 루움
응급실	emergency room	이머-줜씨 루움
환자	patient(입원환자); outpatient(외래환자)	페이션트; 아웃페이션트
입원	hospitalization	하스피러라이제이션

관련단어와 표현

입원하다	be in hospital 비 인 하-스피러
퇴원하다	leave hospital 리-브 하-스피러

3 의사 · 의료도구

◆ 의사

mp3 **7-03**

의사	doctor, medical doctor	닥터-, 메리커어 닥터-
의학	medicine	메르슨
전문의	specialist	스페셔어리스트
주치의	attending physician	어탠-딩 퓌지션
내과	department of internal medicine	디파앗트먼 옵 인터-너 메르슨
내과의사	internist	인터-니스트
비뇨기과	department of urology	디파앗트먼 옵 유-뢀-러쥐
비뇨기과의사	urologist	유-뢀-러쥐스트
산부인과	ob-gyn department	오우비쥐와이엔 디파앗트먼
산부인과의사	ob-gyn doctor	오우비쥐와이엔 닥터-
소아과	department of pediatrics	디파앗트먼 옵 피-디애-트뤽스
소아과의사	pediatrician, baby doctor	피-디어트뤼션, 베이비 닥터-
안과	department of ophthalmology	디파앗트먼 옵 압-쌜말-러쥐
안과의사	ophthalmologist, eye doctor	압-쌜말-러쥐스트, 아이 닥터-
외과	surgery	써-줘뤼
외과의사	surgeon	써-줜

치과	the dentist's office	더 덴티스트 어-퓌스
치과의사	dentist	덴티스트
피부과	department of dermatology	디파앗트먼 옵 더-머털러쥐
피부과의사	dermatologist	더-머털러쥐스트
간호사	nurse	너-스
응급의료사	paramedic	패-뤄메릭
인턴	intern	인터언

◆ 의료도구

mp3 **7-04**

구급차	ambulance	앰-뷸런스
들것	stretcher	스트뤠춰-
메스	scalpel	스캘-퍼
붕대	bandage	밴-디쥐
압박붕대	compress	컴-프뤠스
주사기	syringe	씨륀쥐
청진기	stethoscope	스테써스코웁
체온계	clinical thermometer	클리니커 써-마-메터-
탈지면	absorbent cotton	어브조-번트 카-튼
핀셋	tweezers	트위-저-즈
혈압계	blood pressure gauge	블럿 프뤠셔- 게이쥐
휠체어	wheelchair	윌-췌어-

2 질병 · 치료

1 질병 · 부상 · 증상

◆ 질병

mp3 7-05

병	disease, sickness, illness	디지-즈, 씩크너스, 이어너스
전염병	contagious disease, infectious disease	컨테이줘스 디지-즈, 인펙셔스 디지-즈
지병	old complaint, chronic disease	오울 컴플레인트, 크롸-닉 디지-즈
감기	cold	코울-
코감기	head cold	헷 코울
독감	influenza, flu	인플루엔자, 플루-
결핵	tuberculosis	튜-버-큘로우씨스
고(저)혈압	high(low) blood pressure	하이(로우) 블럿 프뤠셔-
기관지염	bronchitis	브롱-카이리스
당뇨병	diabeties	다이어베리스
맹장염	appendicitis	어펜더-싸이리스
심장병	heart disease	하-트 디지-즈
암	cancer	캔-써-
인후염	sore throat	쏘어-쓰뤄웃
천식	asthma	애-즈마

충치	cavity	캐-버디
편도선염	swollen tonsils	스워울런 탄-써어즈
폐렴	pneumonia	누-모우니아

◆ 부상

mp3 **7-06**

부상(상처)	wound	운-드
골절	fracture	프랙-춰-
뇌진탕	concussion	컨커션
동상	frostbite	프뤄스트바잇
멍(타박상)	bruise; black eye(눈가의 푸른 멍)	브루-즈; 블랙 아이
삠	sprain	스프뤠인
자상	cut, slash	컷, 슬래-쉬
중상	serious injury	씨뤼어스 인줘뤼
찰과상	abrasion, scratch	어브뤠션, 스크래-취
출혈	bleeding	블리-딩
탈구	dislocation	디스로케이션
혹	bump	범
화상	burn(불에 덴); scald(뜨거운 물, 김에 덴)	버언; 스코어드

◆ 증상

mp3 **7-07**

증상	symptom	씸텀

열	fever	퓌버-
기침(하다)	cough	커-프
자각 증상	subjective symptom	써브젝팁 씸텀
피로	fatigue	풔티잌
현기증	dizziness	디지니스
통증	pain	페인
두통	headache	헤데잌
복통	stomachache	스터머케잌
요통	backache	백에잌
치통	toothache	투-쎄잌
구토	nausea	노-지아
두드러기	hives, nettle rash	하이브즈, 네를 래-쉬
물집	blister	블리스터-
발진	rash	래-쉬
벌레물림	insect bite	인쎅트 바이트
변비	constipation	칸-스터페이션
빈혈	anemia	어니-미아
설사	diarrhea	다이어뤼어
소화불량	indigestion	인다이줴스쳔
식중독	food poisoning	푸웃 포이즈닝
알레르기	allergy	앨-러-쥐
재채기	sneezing	스니-징

종기	boil	보이어

관련단어와 표현

감기 걸리다 **catch cold** 캐-취 코울-
열이 있다 **have a fever** 해-버 퓌-버-
두통이 있다 **have a headache** 해-버 헤데익

2 진찰(검진) · 치료

◆ 진찰(검진)

mp3 **7-08**

건강검진	physical examination, medical check-up	퓌지커어 익재-미네이션, 메리커어 췌컵
종합 검진	general check	줘너뤄어 췍
의료보험	medical insurance	메리커어 인슈어뤈스
진료시간	consultation hours	칸-썰테이션 아우어-즈
진료예약	appointment	어포인트먼
맥박	pulse	퍼어스
체온	temperature	템퍼뤄춰-
호흡	breathing	브뤼이딩
혈압	blood pressure	블럿- 프뤠셔-
혈액형	blood type	블럿 타입

◆ 치료

mp3 7-09

치료	medical treatment, cure	메리커어 츄뤼-트먼트, 큐어-
응급처치	first-aid treatment	풔-스트에잇 츄뤼-트먼트
주사	injection, shot	인줵션, 샷
마취	anesthesia	애-니스띠-줘
수술	operation	아-퍼뤠이션
이식수술	transplant	트랜-스플랜-트
수혈	transfusion	트랜-스퓨우젼
회복	recovery	뤼커버뤼
진찰료	consulting fee, doctor's bill	컨-썰팅 퓌-, 닥-터-즈 빌-
진단서	medical certificate	메리커어 써-티퓌컷

관련단어와 표현

진찰을 받다	**see a doctor** 씨- 어 닥-터-
진맥을 하다	**feel the pulse** 퓌어 더 퍼어스
체온을 재다	**take the temperature** 테익 더 템퍼뤄춰-
혈압이 높다(낮다)	**have a high(low) blood pressure** 해-버 하이(로우) 블럿- 프뤠셔-
치료를 받다	**be treated** 비 츄뤼릿
주사를 맞다	**be injected, get a shot** 비 인줵팃, 겟 어 샷

3 약 · 약품

mp3 7-10

약국	pharmacy, drugstore	파-머씨, 드뤡스토어-
약	medicine, drug	메르쓴, 드뤡
처방전	prescription	프뤼스크륍션
일반의약품	over-the counter drug	오우버-더 카운터- 드뤡
가정상비약	household medicine	하우스호울- 메르쓴
복용량	dose	도우스
부작용	side effect	싸잇 이퀙트
가루약	powder	파우러-
물약	liquid medicine	리퀏 메르쓴
알약	pill(환); tablet(정제)	피일; 태-블릿
연고	ointment	오인-먼트
캡슐	capsule	캡-쑤어
감기약	cold medicine	코울드 메르쓴
변비약	laxative	랙-써립
비타민제	vitamin	바이러민
소독약	antiseptic	앤-트쎕틱
소염제	anti-inflammatory	앤-티인플래-머토-뤼
소화제	digestive medicine	다이줴스팁 메르쓴
신경안정제	tranquilizer	츄랭퀼라이저-
아스피린	aspirin	애-스퍼륀

영양제	nutritional supplements	누트뤼셔너 써플먼츠
진통제	painkiller	페인킬러-
파스	skin patch	스킨 패-취
페니실린	penicillin	페니씰런
항생제	antibiotic	앤-티바이아-릭
해독제	antidote	앤-티도웃
해열제	antipyretic	앤-티파이뤠릭

Part 8

자연과 환경

1 천체 · 우주

mp3 **8-01**

천체	celestial body	썰레스춰어 바-리
우주	the universe, space	더 유니버-스, 스페이스
별(항성)	star	스타-
초거성	supermassive star(태양 질량의 50배 이상의 별)	수퍼-매-씨브 스타-
행성	planet	플래-넷
위성(인공위성)	satellite	쌔-럴라잇
은하(성운)	galaxy	갤-럭씨
블랙홀	black hole	블랙- 호울
안드로메다 성운	the Andromeda Nebula	디 앤드롸-머더 네뷸라
오리온 좌	the Orion Nebula	디 어롸이언 네뷸라
태양계	the solar system	더 쏘울러- 씨스텀
태양	the sun	더 썬
수성	Mercury	머-큐뤼
금성	Venus	비-너스
지구	the Earth, globe	디 어-쓰, 글로우브
달(위성)	moon	무운
화성	Mars	마아-즈
목성	Jupiter	쥬-피터-
토성	Saturn	쌔-러언

천왕성	Uranus	유뤄너스
해왕성	Neptune	넵투운
명왕성	Pluto	플루-로우
혜성	comet	카-멋
중력	gravity	그래-버디
우주선	spacecraft	스페이스크래-프트
우주비행사	astronaut	애-스트뤄넛
관측	observation	아브저-베이션
망원경	telescope	텔러스코웁

2 계절·시간

1 계절

mp3 8-02

계절	season	씨-즌
사계절	four seasons	포어- 씨-즌즈

◆ 봄

mp3 8-03

봄	spring	스프륑
초봄(늦봄)	early(late) spring	어얼리(레이트) 스프륑
봄바람	spring breeze	스프륑 브뤼-즈
봄 아지랑이	spring haze	스프륑 헤이즈
해빙	thaw	떠-
춘분	the vernal equinox	더 버어널 이-퀴낙-스

◆ 여름

mp3 8-04

여름	summer	써머-
초여름(늦여름)	early(late) summer	어얼리(레잇) 써머-
한여름	midsummer	밋써머-
무더위	sweltering heat, hot and humid	스웰터륑 히잇, 핫 앤 휴-밋

삼복더위	dog days	도-그 데이즈
우기	rainy season	뤠이니 씨-즌
서머 타임	daylight-saving time	데일라잇 쎄이빙 타임
피서	summering	써머-륑
피서지	summer resort	써머- 뤼조-트
하지	the summer solstice	더 써머- 쏠-스티스

◆ 가을

mp3 8-05

가을	fall, autumn	포어, 어-럼
초가을(늦가을)	early(late) fall	어얼리(레잇) 포어
낙엽	fallen leaves	폴-런 리-브즈
마른 잎	dead leaves	뎃 리-브즈
추수	harvest	하-베스트
중추명월	the harvest moon	더 하-베스트 무운
인디언 서머	Indian summer	인디언 써머-
추분	the autumnal equinox	디 어-텀널 이-퀴낙-스

◆ 겨울

mp3 8-06

겨울	winter	윈터-
초겨울(늦겨울)	early(late) winter	어얼리(레잇) 윈터-
포근한 겨울	mild winter	마일드 윈터-

몹시 추운 겨울	severe winter	써비어- 윈터
눈사람	snowman	스노우맨-
눈싸움	snowball fight	스노우보어 파이트
동지	the winter solstice	더 윈터- 쏠-스티스

관련단어와 표현

사계의 변화	changes of the seasons 췌인쥐즈 오브 더 씨-즌즈
봄 같은	springlike 스프륑라익
여름 같은	summery 써머-뤼
가을의	autumnal 어-텀널
가을 같은	autumnlike 어-텀라익
겨울 같은	wintry 윈트뤼
한겨울에	in midwinter, in the depth of wither 인 밋윈터-, 인 더 뎁- 오브 윈터-

2 시간

◆ 때 · 시간

mp3 8-07

오전	morning	모-닝
정오	noon, midday	누운, 밋-데이
오후	afternoon	애-프터-누운
저녁	evening	이-브닝
밤	night	나이트
초	second	쎄컨

분	minute	미닛-
시	hour, o'clock	아우어-, 어클락-
시간	time	타임

관련단어와 표현

정오에	at noon 앳 누운
오전(오후, 저녁)에	in the morning(afternoon, evening) 인 더(디) 모-닝(애-프터-누운, 이-브닝)
밤에	at night 앳 나이트
주간에	in the daytime 인 더 데이타임
15분	a quarter (of an hour), fifteen minutes 어 쿼-러- (오브 언 아우어-), 퓌프티인 미니츠
30분	half an hour, thirty minutes 해-프 언 아우어-, 써-리 미니츠
1시간	an hour 언 아우어-
정각에	on time 온 타임
제 시간에	in time 인 타임
늦다	be late 비 레이트
시간을 때우다	kill time 키일 타임
시간을 보내다	spend time 스펜- 타임
시계가 빠르다(늦다)	The watch is fast(slow). 더 워-취 이즈 패-스트(슬로우)

◆ 요일

mp3 8-08

주	week	위익
요일	day of the week	데이 오브 더 위익
일요일	Sunday(Sun.)	썬데이

월요일	Monday(Mon.)	먼데이
화요일	Tuesday(Tue., Tues., Tu.)	투-즈데이
수요일	Wednesday(Wed., Weds.)	웬즈데이
목요일	Thursday(Thu., Thur., Thurs.)	써-즈데이
금요일	Friday(Fri.)	프롸이데이
토요일	Saturday(Sat.)	쌔-러데이
평일	weekday	위익데이
주말	weekend	위익엔드

관련단어와 표현

일요일(화요일)에 **on Sunday(Tuesday)** 온 썬데이(투-즈데이)
수요일 오전에 **on Wednesday morning** 온 웬즈데이 모-닝
지난주(요전) 목요일 **last Thursday** 래-스트 써-즈데이

◆ 날짜

mp3 **8-09**

어제	yesterday	예스터-데이
오늘	today	트데이
내일	tomorrow	트머-뤄우
매일	every day	에브뤼 데이
모레	the day after tomorrow	더 데이 애-프터-트머-뤄우

관련단어와 표현

며칠 전(후) **a few days ago(later)** 어 퓨- 데이즈 어고우(레이러-)
며칠 전에 **the other day** 디 아더- 데이

◆ 월

mp3 8-10

월	month	먼쓰
1월	January(Jan.)	쟤-뉴어뤼
2월	February(Feb.)	풰브뤄-뤼
3월	March(Mar.)	마-취
4월	April(Apr.)	에이프뤌
5월	May	메이
6월	June(Jun.)	쥬운
7월	July(Jul.)	쥴라이
8월	August(Aug.)	어-거스트
9월	September(Sep., Sept.)	쎕템버-
10월	October(Oct.)	악토우버-
11월	November(Nov.)	노-벰버-
12월	December(Dec.)	디쎔버-

관련단어와 표현

3월(8월)에 **in March(August)** 인 마-취(어-거스트)
봄비(잠깐 오다가 그치는 비) **April showers** 에이프뤌 샤우어-즈
만우절 **April Fools' Day** 에이프뤌 푸울-즈 데이

◆ 년

mp3 8-11

년	year	이어-
작년	last year	래-스트 이어-

금년	this year	디스 이어-
내년	next year	넥스트 이어-
매년	every year	에브뤼 이어-
신년	New Year	뉴- 이어-
윤년	leap year	리입 이어-

관련단어와 표현

일 년 내내 **through the year, all the year round** 뜨루- 더 이어-, 오어- 더 이어- 롸운

3 날씨 · 자연재해

1 날씨

◆ 기상(날씨)

mp3 8-12

날씨(기상)	weather	웨더-
기후	climate	클라이밋
일기예보	weather forecast(report)	웨더- 포-캐-스트 (뤼포-트)
기상대	meteorological observatory	미-리어랄-러쥐커 업저-버토-뤼
기온(온도)	temperature	템프뤄춰-
습도	humidity	휴-미더디
기압	air pressure, atmospheric pressure	에어- 프뤠셔-, 앳-머스퀘뤽 프뤠셔-
고기압	high air pressure	하이 에어- 프뤠셔-
저기압	low air pressure	로우 에어- 프뤠셔-
기압골	pressure trough	프뤠셔- 트뤕
풍속	wind velocity, force of wind	윈 벌라-써리, 포-스 옵 윈
강우량	amount of rainfall, precipitation	어마운 톱 뤠인풔어, 프뤠씨피테이션
강설량	amount of snowfall	어마운 톱 스노우풔어

Part 8 자연과 환경

◆ 기온

mp3 8-13

최고기온	highest temperature	하이어슷 템프뤄춰-
최저기온	lowest temperature	로우어슷 템프뤄춰-
포근한	warm	워엄
더운	hot	핫
무더운	muggy, hot and humid	머기, 핫 앤 휴-밋
서늘한	cool	쿠-어
쌀쌀한	chilly	췰리
추운	cold	코울
몹시 추운	freezing	프뤼-징
건조한	dry	드롸이
습한	humid	휴-밋

◆ 맑음 · 흐림 · 안개

mp3 8-14

맑음	sunny, fair	써니, 풰어-
쾌청	mostly sunny	모우슷리 써니
가뭄	drought	드롸웃
흐린	cloudy	클라우디
구름	cloud	클라우드
짙은 구름	thick cloud, heavy cloud	띡 클라우드, 헤븨 클라우드
엷은 구름	thin cloud	띤 클라우드

먹구름	dark cloud	다악 클라우드
비구름	rain cloud	뤠인 클라우드
안개	fog	풔-그
짙은 안개	thick fog, dense fog	띡 풔-그, 덴스 풔-그
옅은 안개	mist	미스트
연무	haze	헤이즈

관련단어와 표현

안개가 걷히다. **The fog clears up.** 더 풔-그 클리어-즈 업

안개가 끼다. **The fog gathers.** 더 풔-그 개-더-즈

◆ 바람

mp3 **8-15**

바람	wind	윈
미풍	breeze	브뤼-즈
강풍	strong wind	스트뢍 윈
편서풍	westerlies	웨스터-리즈
무역풍	trade wind	트뤠잇 윈
폭풍	storm	스토-엄
강한 폭풍	heavy storm	헤븨 스토-엄
토네이도	tornado	토-네이로우
회오리바람	whirlwind	워-어윈
태풍	typhoon	타이푸운

대형태풍	large typhoon	라-쥐 타이푸운
소형태풍	small typhoon	스머어 타이푸운

◆ 비

mp3 8-16

비	rain	뤠인
보슬비	light rain, drizzle	라잇 뤠인, 드뤼즐
소나기	showers	샤우어-즈
폭우	heavy rain, downpour, torrential rain	헤븨 뤠인, 다운포어-, 터뤤셔 뤠인
집중호우	local heavy rain	로우커 헤븨 뤠인
천둥	thunder	썬더-
번개	lightning	라이트닝
뇌우	thunderstorm	썬더-스토-엄
낙뢰	lightning bolt	라이트닝 보웃

◆ 눈

mp3 8-17

눈	snow	스노우
눈송이	snowflake	스노우플레익
강설	snowfall	스노우풔어
폭설	heavy snow	헤븨 스노우
싸라기눈	powdery snow	파우러뤼 스노우

눈보라	snowstorm, blizzard	스노우스토엄, 블리저-드
적설	snow cover	스노우 커버-
적설량	amount of snow cover	어마운 톱 스노우 커버-

관련단어와 표현

얼음	**ice** 아이스
유빙	**drift ice** 드륍트 아이스

2 자연재해

mp3 **8-18**

자연재해	natural calamity	내-춰뤄어 컬래-머리
지진	earthquake	어-쓰퀘익
진앙	earthquake center, epicenter	어-쓰퀘익 썬터-, 에퍼쎈터-
여진	after shock	애-프터- 샤-
산사태	landslide	랜-슬라이드
눈사태	avalanche, snowslide	애-벌랜-취, 스노우 슬라이드
홍수	flood	플러드
해일	tidal wave	타이더어 웨입
쓰나미(지진해일)	tsunami	쑤-나-미
산불	forest fire	포-뤄슷 퐈이어
화재	fire	퐈이어-

지반침하	land subsidence	랜- 썹싸이던스
화산분출	volcano eruption	벌-케이노우 이뤕션
화산재	volcano ash	벌-케이노우 애-쉬
용암류	lava flow	라-버 프로우
냉해	damage caused by cold weather	데미쥐 커-즈드 바이 코울 웨더-

관련단어와 표현

자연재해 방지대책	counter measures against calamities 카운터- 메줘-즈 어겐스트 컬래-머리즈
피해	damage 대-미쥐
피해 지역	damaged district 대-미쥐드 디스트뤽트
피난	refuge 뤠퓨-쥐
대피하다	take refuge 테익 뤠퓨-쥐

4 동물

1 포유류

mp3 8-19

동물	animal	애-너머어
포유동물	mammal	매-머어
애완동물	pet	펫
개	dog; puppy(강아지)	독-; 퍼피
고래	whale	웨이어
고릴라	gorilla	거륄라
고양이	cat; kitten(새끼고양이)	캣-; 키튼
곰	bear	베어-
기린	giraffe	줘래-프
늑대	wolf	워프
다람쥐	squirrel	스쿼-뤄어
당나귀	donkey	동-키
돼지	pig	피그
말	horse	호어-스
백곰	polar bear	포울러 베어-
사슴	deer	디어-
사자	lion; baby lion(새끼사자)	라이언; 베이비 라이언
소	cattle	캐-틀

양	sheep	쉽-
엘크	elk	엘크
여우	fox	퐉-스
원숭이	monkey	멍키
쥐	mouse	마우스
침팬지	chimpanzee	췸팬-지-
코끼리	elephant	엘러풘트
코뿔소	rhinoceros	롸이나-써뤄스
표범	panther	팬-떠-
하마	hippopotamus(hippo)	히퍼파-터머스
호랑이	tiger	타이거-
회색곰	grizzly bear	그뤼즐리 베어-

2 조류

mp3 8-20

새	bird	버-드
개똥지빠귀	thrush	뜨뤄쉬
까마귀	crow	크뤄우
나이팅게일	nightingale	나이팅게이어
닭	chicken	취킨
독수리	eagle	이-거
매	hawk	혹-

메추라기	quail	퀘이어
문조	Java sparrow	좌-바 스패-뤄우
박새	titmouse	팃마우스
백조	swan	스와안
비둘기	pigeon	피줜
솔개	kite	카이트
신천옹	albatross	앨-버트뤄-스
앵무새	parrot	패-뤗
오리	duck	덕
올빼미(부엉이)	owl	아우어
제비	swallow	스왈-뤄우
종달새	skylark	스카이라악
찌르레기	blackbird	블랙-버-드
참새	sparrow	스패-뤄우
카나리아	canary	커네뤼
키위 새	kiwi	키-위-

3 양서류 · 파충류

mp3 8-21

양서류	amphibia	앰-퓌비아
파충류	reptiles	뤱타이어즈
개구리	frog	프뤄-그

거북	turtle(바다); tortoise(육지)	터어를; 토어터스
도롱뇽	salamander	쌜-러맨-더-
도마뱀	lizard	리저-드
독사	viper	바이퍼-
두꺼비	toad	토웃
방울뱀	rattlesnake	래-를 스네익
뱀	snake	스네익
악어	alligator, crocodile	앨-리게이러-, 크롸-커다이어
올챙이	tadpole	탯포우
이구아나	iguana	이그와-나
카멜레온	chameleon	커밀-리언
코모도왕도마뱀	Komodo dragon	커머우로우 드래-건
코브라	cobra	코우브뤄

4 곤충

mp3 8-22

곤충	insect	인쎅트
벌레	bug; worm(다리가 없는)	버그; 워엄
개똥벌레(반딧불이)	firefly	퐈이어-플라이
개미	ant	앤-트
거미	spider	스파이러-
고치	cocoon	커쿠운

귀뚜라미	cricket	크뤼킷
꿀벌	honey bee	허니 비-
나비	butterfly	버러-플라이
딱정벌레	beetle	비-를
말벌	hornet	호-닛
매미	cicada	써케이다
메뚜기	grasshopper, locust	그래-스하퍼-, 로우커슷
모기	mosquito	머스키-로우
무당벌레	ladybug	레이디벅
바퀴벌레	cockroach	카-크뤄우취
벌	bee	비-
벼룩	flea	플리-
빈대	bedbug	벳벅
사마귀	praying mantis	프뤠잉 맨-티스
사슴벌레	stag beetle	스택- 비-를
쐐기벌레; 애벌레	caterpillar	캐-러필러-
여왕벌	queen bee	크위인 비-
잠자리	dragonfly	드래-건플라이
전갈	scorpion	스코-퓌언
쥐며느리	sow bug	싸우 벅
지네	centipede	쎈티피잇
지렁이	earthworm	어-쓰워엄

진드기	tick	틱
집게벌레	earwig	이어윅
파리	fly	플라이
하루살이	mayfly	메이플라이
호랑나비	yellow swallowtail	옐로우 스왈-로우테이어
흰개미	termite	터-마잇

5 어류

mp3 8-23

어류	fish	퓌쉬
열대어	tropical fish	트롸-피커 퓌쉬
심해어	deep-sea fish	디입 씨- 퓌쉬
민물고기	freshwater fish	프뤠쉬워-러- 퓌쉬
바닷물고기	saltwater fish	쏘어트워-러- 퓌쉬
가다랑어	bonito	버니-로우
가물치	snakehead	스네익헷
가오리	ray	뤠이
갈치	hairtail	헤어테이어
고등어	mackerel	매-크뤌
넙치, 가자미	halibut	핼-리벗
농어	bass	배-스
다랑어	tuna	투-나

대구	codfish	카-드퓌쉬
도미	snapper	스내-퍼-
메기	catfish	캣퓌쉬
멸치	anchovy	앤-초우비
방어	yellowtail	옐로우테이어
뱀장어	eel	이-어
복어	blowfish	블로우퓌쉬
붕어	crucian carp	크루-션 카압
상어	shark	샤악
송어	trout	트롸우트
연어	salmon	새-먼
잉어	carp	카-압
전어	gizzard shad	기저-드 섀-
정어리	sardine	사-디인
청어	herring	헤륑

관련단어와 표현

비늘	**scale** 스케이어
아가미	**gill** 길어
지느러미	**fin** 퓐
등지느러미	**dorsal fin** 도어써어 퓐
배지느러미	**ventral fin** 벤츄뤄 퓐
가슴지느러미	**pectoral fin** 펙터뤄 퓐
꼬리지느러미	**caudal fin** 코-더 퓐

6 갑각류 · 연체동물

mp3 8-24

갑각류	crustacean	크뤄스테이션
연체동물	mollusk	멀러슥
가재	crayfish	크뤠이퓌쉬
게	crab	크랩-
굴	oyster	오이스터-
꼴뚜기	baby octopus	베이비 악토퍼스
낙지	long-legged octopus	롱- 레기드 악토퍼스
멍게	sea squirt	씨- 스퀴-엇
문어	octopus	악토퍼스
새우	shrimp(작은 새우); prawn(큰 새우)	쉬륌-; 프뤄언
오징어	squid	스퀴
전복	abalone	애-버로우니
조개	clam	클램-
홍합	mussel	머써어

5 식물

1 나무

mp3 8-25

나무	tree	츄뤼-
감나무	persimmon tree	퍼-씨먼 츄뤼-
녹나무	camphor tree	캠-퍼- 츄뤼
느릅나무	elm	에음
느티나무	zelkova	저어커바
단풍나무	maple tree	메이퍼어 츄뤼
대나무	bamboo	뱀-부-
동백나무	camellia	커밀-리어
떡갈나무	oak tree	오욱 츄뤼
목련	magnolia	매-그놀-리아
무화과나무	fig tree	퓍 츄뤼
밤나무	chestnut tree	췌스넛 츄뤼
버드나무	willow	윌로우
벚나무	cherry (tree)	췌뤼 (츄뤼-)
보리수	linden tree	린든 츄뤼
복숭아나무	peach tree	피-취 츄뤼-
사과나무	apple tree	애-퍼 츄뤼
살구나무	apricot tree	애-프뤼카앗 츄뤼

삼나무, 향나무	cedar	씨-더-
상수리나무	acorn tree	에이코-언 츄뤼
소나무	pine tree	파인 츄뤼-
아몬드나무	almond tree	아-먼 츄뤼
올리브나무	olive tree	알-리브 츄뤼
월계수	laurel	로-뤄어
유칼립투스 나무	gum tree	검 츄뤼
은행나무	ginkgo tree	깅코우 츄뤼
자귀나무	silk tree	씨억 츄뤼
자두나무	plum tree	플럼 츄뤼-
자작나무	birch tree	버-취 츄뤼
전나무	fir	퍼-
종려나무, 야자나무	palm tree	파암 츄뤼
코르크나무	cork oak	코억 오욱
코코야자나무	coconut palm, coconut tree	코우커넛 파암, 코우커넛 츄뤼
포플러 (나무)	poplar tree	파-플러- 츄뤼-
호두나무	walnut tree	워어넛 츄뤼-
호랑가시나무	holly	할-리

관련단어와 표현

나무줄기	trunk 트뤙
나뭇가지	branch 브랜-취

잔가지	**twig** 트윅
잎	**leaf; leaves** 리입; 리-브즈(복수형)
나무열매	**fruit; nut** 프루웃; 넛
씨앗	**seed** 씨-드
수액	**sap** 쌥
나무껍질	**bark; tree bark** 바-악, 츄뤼 바-악
나이테	**annual ring** 애-뉴어 륑
원뿌리	**main root** 메인 루웃
뿌리	**root** 루웃
뿌리털	**root hair** 루웃 헤어-
솔방울	**pine cone** 파인 코언
송진	**resin** 뤠즌

2 꽃

mp3 **8-26**

꽃	flower; blossom(과수의 꽃)	플라우어-; 블라-썸
국화	chrysanthemum	크뤼쌘-떠멈
난초	orchid	오-키드
데이지	daisy	데이지
등(나무)	wisteria	위스테뤼아
마거리트	margaret	마-거륏
마리골드(천수국)	marigold	매-뤄고울
매화꽃	plum blossoms	플럼 블라-썸즈
모란(작약)	peony	피-어니

Part 8 자연과 환경

무궁화	hibiscus	히비스커스
물망초	forget-me-nots	풔-겟 미 나츠
미나리아재비	buttercup	버러-컵
민들레	dandelion	댄-덜라인
백합	lily	릴리
벚꽃	cherry blossoms	췌뤼 블라-썸즈
붓꽃	iris, flag	아이뤼스, 플래-그
수국	hydrangea	하이드뤠인줘
수선화	daffodil	대-풔디어-
시클라멘	cyclamen	씨클러먼
안개꽃	gypsophila	쥡쏘풜러
앵초	primrose	프륌로우즈
양귀비	poppy	파-피
엉겅퀴	thistle	씨서어
연꽃	lotus	로우러스
유채꽃	rape blossoms	뤠입 블라-썸즈
장미	rose	뤄우즈
제라늄	geranium	줘뤠-니엄
제비꽃	violet	바이얼럿
진달래	azalea	어제일리아
카네이션	carnation	카-네이션
코스모스	cosmos	카-즈머스

크로커스	crocus	크뤄-커스
튤립	tulip	툴-립
패랭이꽃	pink	핑크
팬지(꽃)	pansy	팬-지
해바라기	sunflower	썬플라우어-

관련단어와 표현

꽃이 피다	**blossom** 블라-썸
싹; 꽃봉오리	**bud** 버드
새싹	**sprout** 스프롸우트
줄기	**stalk** 스터억
가시	**thorn** 또언

3 풀

mp3 **8-27**

풀; 잔디	grass	그래-스
잡초	weeds	위-즈
양치식물	fern	풔-언
고비	flowering fern	플라우워잉 풔언
고사리	bracken	브래-컨
녹조	round-shaped green alga	롸운 쉐입트 그뤼인 앨-가
담쟁이덩굴	ivy	아이븨
별꽃	chickweed	췩위잇

선인장	cactus	캑-터스
쑥	mugwort	머그워엇
아도니스	adonis	어더-니스
알로에	aloe	앨-로우
이끼	moss	모-스
클로버	clover	클로우버-

Part 9

정치, 행정과 사법

1 정치

1 정치 · 정당

mp3 9-01

정치	politics	팔-러틱스
정치제도	polity	팔-러디
정치체계	political system	펄리리커어 씨스텀
정치사상	political idea	펄리리커어 아이디어
민주정치	democracy	디마-크뤄씨
독재정치	autocracy, dictatorship	오-타-크뤄씨, 딕테리러-쉽
귀족정치	aristocracy	애-뤼스타-크뤄씨
3권 분립	division of powers	디비전 옵 파우어-즈
정당	political party	펄리리커어 파-리
정권	political power	펄리리커어 파우어-
정치권	political circles	펄리리커어 써-클즈
정당정치	party politics	파-리 팔-러틱스
지방정치	local politics	로우커어 팔-러틱스
정치자금	political funds	펄리리커어 풘즈
보수 정당	conservative party	컨써-버립 파-리
혁신정당	reformist party	뤼포어미스트 파-리
민주당	(미)Democratic Party	데머크뢔-릭 파-리
공화당	(미)Republican Party	뤼퍼블리컨 파-리

보수당	(영)Conservative Party	컨써-버립 파-리
노동당	(영)Labour Party	레이버- 파-리
여당	ruling(government) party	룰-링(거버언먼트) 파-리
야당	opposition party	아-퍼지션 파-리
정치인	politician	팔-러티션

2 의회

mp3 9-02

의회	National Assembly《한국》; Congress《미국》; Parliament《영국, 캐나다》; Diet《일본, 덴마크, 스웨덴》	내-셔너어 어쎔블리; 캉-그뤄스; 파-알러먼트; 디엣
의회정치	parliamentarism	파-알러멘터-뤼즘
의사(록)	proceedings	프뤄씨-딩즈
국회의원	member of the National Assembly《한국》; member of Congress《미국》; MP《영국하원》	멤버- 오브 더 내-쉬널 어쎔블리; 멤버- 옵 캉-그뤄스; 엠피(멤버- 오브 팔-러먼트)
상원	upper house; Senate《미국》	어퍼- 하우스; 쎄너트
하원	lower house; House of Representatives《미국》	로우어- 하우스; 하우스 옵 뤠프뤼젠너립스
정기국회	regular session of the National Assembly	뤠귤러- 쎄션 오브 더 내-쉬너어 어쎔블리
임시국회	provisional session of the National Assembly	프뤄비줘너어 쎄션 오브 더 내-쉬너어 어쎔블리
의결(결의안)	resolution	뤠절루-션

1 정치

발의	motion	모우션
인준	approval, passage	어프루-버어, 패-씨쥐
부결	rejection	뤼줵션
제의	proposal	프뤄포우저
비준	ratification	뢔-러퓌케이션
위원회	committee	커-미리
상임위원회	standing committee	스탠-딩 커-미리
특별위원회	ad hoc committee	애-드 학- 커-미리
예산위원회	Budget Committee	버쥣 커-미리
외무위원회	Foreign Affairs Committee	포-륀 어풰어-즈 커-미리

관련단어와 표현

회기 중이다	**be in session** 비 인 쎄션
의결하다	**resolve** 뤼저-브
인준하다	**approve, pass** 어프루-브, 패-스
부결되다	**be rejected** 비 뤼줵팃
제안하다	**propose** 프뤄포우즈
비준하다	**ratify** 뢔-러퐈이
헌법개정	**revision of the Constitution** 뤼비젼 오브 더 칸-스터튜-션
헌법공포	**promulgation of the Constitution** 프뤄머게이션 오브 더 칸-스터튜-션

3 선거

mp3 **9-03**

선거	election	일렉션

투표(하다)	vote	보우트
투표소	the polls	더 포우어즈
공명선거	fair election	풰어- 일렉션
선거방해	election obstruction	일렉션 업스트뤅션
대통령 선거	Presidential election	프뤠저덴셔어 일렉션
총선거	general election	줴너뤄어 일렉션
지방 선거	local election	로우커어 일렉션
예비선거	preliminary election	프뤼리미네뤼 일렉션
중간 선거	off-year election	오프 이어- 일렉션
주지사 선거	gubernatorial election	구-버-너토-뤼얼 일렉션
보궐 선거	by-election	바이 일렉션
선거일	election day	일렉션 데이
선거운동	election campaign	일렉션 캠-페인
선거연설	election speech	일렉션 스피-취
선거구; 유권자	constituency	컨스티츄언씨
선거결과 (보고서)	election returns	일렉션 뤼턴-즈

관련단어와표현

출마하다	run for election 뤈 포 일렉션
당선되다	be elected, win an election 비 일렉팃, 윈 언 일렉션
낙선하다	be defeated in the election, lose the election 비 디퓌-팃 인 디 일렉션, 루-즈 디 일렉션

1 정치

2 행정

1 행정단위

mp3 9-04

국가	country, nation	컨츄뤼, 네이션
공화국	republic	뤼퍼블릭
왕국	kingdom	킹덤
주	state《미국》; province《캐나다》	스테이트; 프롸-빈스
도; 성	province《한국, 중국》	프롸-빈스
현	prefecture《일본》	프뤼-퓍춰-
군	county	카운티
시	city	씨리
읍	town	타운
리	village	빌리쥐
구	ward	워-드

2 정부

mp3 9-05

정부	Government	거버언먼트
중앙집권제	centralism	쎈츄뤌리즘
연방제	federalism	풰더뤌리즘

지방자치제	local self-government	로우커 쎄업 거버언먼
내각책임제	parliamentary system	파얼러먼트뤼 씨스텀
내각	cabinet	캐-비닛
연립내각	coalition cabinet	코-얼리션 캐-비닛
대통령제	presidential system	프뤠저덴셔 씨수텀
단임제	single-term presidency system	씽거 터엄 프뤠지덴씨 씨스텀
중임제	multi-term presidency system	머어티 터엄 프뤠지덴씨 씨스템
연립정부	coalition government	코-얼리션 거버언먼
군사정권	military government	밀리터뤼 거버언먼
과도정부	caretaker(interim) government	케어테이커(인터-륌) 거버언먼
괴뢰정부	puppet government	퍼펫 거버언먼

관련단어와 표현

정권을 잡다	take the reins of Government, administer the affairs of state 테익 더 뤠인즈 오브 거버언먼트, 엇미니스터-디 어풰어-즈 오브 스테이트
내각을 구성하다	form a cabinet 포-어머 캐-비닛
내각 개편	reshuffle of the cabinet 뤼-셔풔어 오브 더 캐-비닛
각료회의	cabinet meeting 캐-비닛 미-링
임기	term 터엄

3 정부조직·관료

mp3 9-06

관료제	bureaucracy	뷰롸-크뤄씨
관료	bureaucrat	뷰뤄크뢧-
국가수반	chief of the State	취입 오브 더 스테이트
국왕	king, monarch	킹-, 마-나악
여왕	queen	크윈-
대통령	President	프뤠지던트
부통령	vice president	봐이스 프뤠지던트
수상, 총리	prime minister, Premier	프롸임 미니스터-, 프뤼미어-
장관	secretary	쎄크뤄테뤼
부장관	deputy secretary	데퓨리 쎄크러테뤼
차관	under secretary	언더- 쎄크뤄테뤼
차관보	assistant secretary	어씨스턴트 쎄크뤄테뤼

3 사법

1 법률

mp3 9-07

법률	law	로-
기본법	fundamental law	퐌더멘터 로-
성문법	written law	뤼른 로-
불문법	unwritten law	언뤼른 로-
국내법	domestic law	드메스틱 로-
국제법	international law	인터-내-셔너 로-
공법	public law	퍼블릭 로-
사법	private law	프롸이빗 로-
사회법	social law	쏘우셔 로-
헌법	Constitution	칸-스터튜-션
형법	Criminal Law	크뤼미너 로-
민법	Civil Law	씨버 로-
상법	Commercial Law	커머-셔 로-
민사소송법	Civil Procedure Law	씨버 프뤄시-줘- 로-
형사소송법	Criminal Procedure Law	크뤼미너 프뤄시-줘- 로-
기본인권	fundamental human rights	퐌더멘터어 휴-먼 롸이츠

2 법원 · 재판

mp3 9-08

법원	court	코엇
법정	court of justice	코엇 오브 줘스티스
대법원	Supreme Court	수-프륌- 코엇
고등법원	high court	하이 코엇
가정법원	family court	패-믈리 코엇
지방법원	district court	디스트뤽트 코엇
재판	trial	츄롸이어
공개재판	open trial, public trial	오우픈 츄롸이어, 퍼블릭 츄롸이어
비공개재판	closed trial, secret trial	클로우즈드 츄롸이어, 씨-크륏 츄롸이어
군사재판	court-martial	코엇 마-셔
소송	suit	수웃
형사소송	criminal suit	크뤼머너 수웃
민사소송	civil suit	씨버 수웃
재판장	presiding judge	프뤼자이딩 줘쥐
재판관	judge	줘쥐
변호사	defending attorney, defending lawyer	디풴딩 어터-니, 디풴딩 로-여
검사	prosecutor	프롸-씨큐-러-
피고	defendant	디풴던트
원고	plaintiff	플레인팁

증인	witness	윗니스
배심원	jury	쥬뤼
방청석	gallery	갤-러뤼

3 판결 · 범죄자

mp3 9-09

판결	sentence	쎈턴스
무죄	innocence	이너썬스
유죄	guilt	기어트
형벌	punishment, penalty	퍼니쉬먼트, 페널티
사형	death sentence	뎃 쎈턴스
종신형	life term imprisonment	라이프 터엄 임프뤼즌먼
실형	jail sentence without suspension	줴이어 쎈턴스 위다웃 써스펜션
집행유예	suspended sentence	써스펜딧 쎈턴스
벌금	fine	파인
가처분	injunction	인줭션
상고	appeal	어피-어
재심	retrial	뤼-츄롸이어
보석금	bail	베이어
범인	criminal	크뤼머너
상습범	habitual criminal	허비츄어 크뤼머너

용의자	suspect	써스펙트
지명수배자	wanted person	원팃 퍼-쓴
공범	accomplice	어캄플리스
전과자	exconvict	엑스칸빅트
재소자	prisoner	프리즈너-
피해자	victim	빅팀
체포 영장	warrant of arrest	워-뤈 톱 어뤠스트
체포	arrest	어뤠스트

4 범죄

mp3 9-10

범죄	crime	크롸임
강력범죄	violent crime	바이얼런 크롸임
경범죄	misdemeanor	미스디미-너-
살인	murder, homicide, killing	머-더-, 하-미싸잇, 킬링
살인죄	murder charge	머-더- 촤-쥐
살인사건	murder case	머-더- 케이스
살인미수	attempted murder	어템팃 머-더-
살인용의자	murder suspect	머-더- 써스펙
폭력	violence	바이얼런스
폭행	assault	어쏘-엇

상해	injury	인줘뤼
상해치사	causing death through bodily injury	커-징 뎃 쓰루- 바-를리 인줘뤼
과실치상	bodily injury through negligence	바-를리 인줘뤼 쓰루- 네글리줜스
강간	rape, sexual assault	뤠입, 쎅슈어 어써어트
성범죄	sexual offense	쎅슈어 어-풘스
성추행	sexual harassment	쎅슈어 허뢔-스먼트
성매매	prostitution	프롸-스터튜-션
아동학대	child abuse	촤일 어뷰-스
유괴	kidnapping	키드냅-핑
강도	robbery	롸버뤼
은행 강도	bank robbery	뱅- 롸버뤼
협박	threat, intimidation	뜨뤳, 인티미데이션
공갈	blackmail	블랙-메이어
날치기	purse snatching	퍼-스 스내-칭
들치기	shoplifting	샵리프팅
방화	arson	아-쓴
절도	stealing, theft	스틸-링, 떼프트
밤도둑	burglar	버-글러-
횡령	embezzlement	엠베즐먼트
사기	swindling, fraud, cheat	스윈덜링, 프뤄-드, 취잇
뇌물수수	taking-a-bribe	테이킹 어 브롸입

소매치기	pickpocket	픽파-킷
도박	gambling	갬-블링
교통위반	traffic offence, traffic violation	트래-퓍 어펜스, 트래-퓍 바이얼레이션
속도위반	speeding	스피-딩
무면허운전	unlicensed driving	언라이썬스트 드롸이빙
음주운전	drunk driving	드렁 드롸이빙
주차위반	parking violation	파-킹 바이얼레이션
불법주차	illegal parking	일리-거- 파-킹
신호무시	ignoring traffic light	이그노-륑 트래-퓍 라잇
교통방해	traffic obstruction	트래-퓍 업스트뤅션

INDEX

색인

ㄱ

색인

ㄴ

ㄷ

ㄹ

ㅁ

ㅂ

ㅅ

ㅇ

ㅈ

INDEX

ㅊ

ㅍ

ㅎ